Foto: Howard Grill, 9742936, www.shutterstock.com)

*Mit tausend Augen blickte der Fluss ihn an, mit grünen, mit
weißen, mit kristallnen, mit himmelblauen. Wie liebte er dies
Wasser, wie entzückte es ihn, wie war er ihm dankbar!*

*Im Herzen hörte er die Stimme sprechen, die neu erwachte,
und sie sagte ihm: Liebe dies Wasser! Bleibe bei ihm! Lerne von ihm!
O ja, er wollte von ihm lernen, er wollte ihm zuhören.
Wer dies Wasser und seine Geheimnisse verstünde,
so schien ihm, der würde auch viel anderes verstehen,
viele Geheimnisse, alle Geheimnisse.*

*Von den Geheimnissen des Flusses aber sah er heute nur eines,
das ergriff seine Seele. Er sah: dies Wasser lief und lief, immerzu lief
es, und war doch immer da, war immer und allezeit dasselbe und
doch jeden Augenblick neu! Oh, wer dies fasste, dies verstünde!*

*Er verstand und fasste es nicht …*

Hermann Hesse, Siddhartha

# inhalt

Foto: Howard Grill, 9742936, www.shutterstock.com)

inhalt

# Liebe Leserinnen und Leser,

das für uns erste sichtbare Zeichen dafür, ob etwas lebendig ist, ist Bewegung. Wenn ein Körper vor uns liegt und wir können sehen, dass er sich bewegt, dass er pulsiert, atmet, dann wissen wir: Das sind Lebenszeichen, der Körper ist lebendig, der Organismus lebt.

Aber oft ist es doch so, dass wenn wir dem vermeintliche Alltäglichen und Gewöhnlichen begegnen, wir wenig Besonderes daran finden. Wir verspüren kaum Lust, solchen Phänomenen unsere besondere Aufmerksamkeit zu schenken. Dabei stoßen wir hier - wie so oft, wenn wir es nur zulassen - fortwährend auf die für uns kaum fassbaren Wunder unserer Existenz in unserer Welt.

Stellen wir uns nur einmal vor: Da gibt es die rasende Bewegung der kleinsten elementaren Einheiten in uns, die sich zu Atomen und Molekülen formieren, zu Zellen verbinden, in denen in jeder Sekunde im Abgleich mit den Genstrukturen millionenfache Austauschprozesse stattfinden, die wiederum den Aufbau von Knochen, Sehnen, Muskeln, Organen, Flüssigkeiten, Hormonen und Transmitterstoffen ermöglichen, die wiederum das gesamtpsycho-somatische System in Bewegung halten: Atmung, Blutfluss, Wasserhaushalt, Temperatur, Nahrungsaufnahme, Verdauung, Stoffwechsel, Immunsystem, neuronale Netzwerke usw. usw. Alles dauernd in Bewegung, aufbauend, abbauend, sich erneuernd, absterbend, sich selbst organisierend und steuernd durch etwas, was wir nicht kennen und auch in seiner Komplexität und Wechselwirkung niemals erfassen können! Ist das nicht atem-beraubend? Und kann man sich vorstellen, dass es Zeiten gab, wo dieses Wunderwerk unserer Organismus abgewertet, asketisch unterdrückt und abgetötet werden sollte zugunsten einer vermeintlichen „höheren", „geistigeren" Lebensweise?

Und dann noch die unendliche Vielgestaltigkeit der motorischen Bewegungen unseres Körpers! Dieses geniale Knochen-Muskel-Sehnen-System, das uns Hören, Sehen, Tasten, Laufen, Sprechen, Tanzen lässt!

Evolutionär wird die Aufrichtung unserer Vorfahren als eine der bedeutsamsten Errungenschaften betrachtet, die spezifisch menschliche Entwicklungen ermöglichten. U.a. scheint die Aufrichtung deshalb so zentrale Bedeutung zu haben, weil sie den Vormenschen in die Lage versetzte, Kopf und Augen sowie Arme und Hände auf ganz neue Art miteinander zu koordinieren. Affekte und Emotionen, sprachliche, geistige, kulturelle, emotionale, soziale Impulse können auf ganz neue Weisen geformt, gestaltet und kommuniziert werden werden und bringen dadurch Entwicklungen in bis dahin nicht gekannten Ausmaßen hervor. Im Grunde entstand alle Kultur aus der Fähigkeit, Körper und Motorik nicht nur zur Bewältigung unserer äußeren Lebensbedingungen im Sinne der biologischen Selbst- und Arterhaltung einzusetzen, sondern auch seine innere Welten, das, was ihn von Innen heraus bewegt, in Kooperation mit anderen Menschen in die Welt zu bringen.

Doch was sollen wir jetzt hier noch viel denken und reden: Richten wir uns auf, stehen wir auf, spüren wir die Festigkeit der Erde unter uns, die uns Halt gibt, wenden wir uns dem Himmel und der Sonne zu, atmen wir tief ein und aus, seufzen wir und lachen wir, drehen wir uns im Kreise, tanzen und singen wir und freuen uns mit allen Fasern unseres Leibes daran, dass wir spüren, dass wir lebendig sind und uns frei bewegen können. Und schenken wir unser tiefstes Mitgefühl allen Wesen, die das nicht können oder dürfen.

*O welche Lust, o welche Lust, in freier Luft*
*den Atem leicht zu heben!*
*O welche Lust!*
*Nur hier, nur hier ist Leben ...*
(Beethoven, Fidelio, Gefangenenchor)

*Ihre Anette und Lutz Müller*

# Die bewegten Beweger

## Energie, Evolution, Entwicklung und das werdende Werden

Ernst Peter Fischer

Foto: Howard Grill, 9742936, www.shutterstock.com)

Es gibt keine Welt ohne Energie, und ohne Energie kann auch nichts werden und wachsen. Energie ist das, was aus dem Möglichen das Wirkliche werden lässt und weiter vorantreibt, sie kann als bewegter Beweger der Welt angesehen werden, wobei beide Begriffe – die Energie und der Beweger – bei Aristoteles auftauchen, nur dass der Philosoph von einem unbewegten Beweger des Daseins gesprochen hat, aus dem im Mittelalter ein *Primum mobile* geworden ist. Die Energie bringt aus dem Möglichen das Wirkliche hervor und wirkt, indem sie sich wandelt. Sie treibt dabei den Vorgang an, der Evolution heißt und mit dem der Kosmos und das Leben ihre Strukturen und Formen annehmen und weiter entwickeln. Übrigens – *am Anfang war das Wort* steht zwar in der deutschen Übersetzung der Bibel, aber die Kenner des Originals meinen, man hätte besser geschrieben „im Urstoff war die Information", also die Kraft (Energie) zur Bildung einer Welt. Was die biologische Evolution angeht, so operiert sie mit Genen, die von den Menschen als Beweger des Lebens angesehen werden und sich zugleich mit ihm ändern und von ihm beeinflusst werden. Die Gene sind also ebenfalls bewegte Beweger, die ihre Leistungsfähigkeit in den genetischen – morphogenetischen, morphodynamischen – Prozessen der Gestaltbildung erkennen lassen, die allgemein als (biologische) Entwicklung zusammengefasst werden. Nach der

Evolution als Werden ohne Plan und Ziel und der Entwicklung als Werden mit (einem genetischen) Plan, hat die unzerstörbare Energie des fortschreitenden Wandels zu einem dritten Werden geführt, das als Kreativität bekannt ist und mit einem Ziel operiert. Kreativität bildet Formen und orientiert sich an dem bereits Gebildeten. Das werdende Werden führt somit nicht zu einem Weltbild, sondern zu einer offenen Weltbildung. Die Welt wird immer wieder neu gebildet, das Dasein ist eine schöpferische Tätigkeit mit Menschen als bewegten Bewegern. Das Ganze der Existenz zeigt sich als werdendes Werden, und die Zukunft bleibt offen.

**Die bewegten Beweger – vom Sein, das ein Werden ist**

Es konnte und kann eigentlich niemand übersehen – *Alles fließt*, wie es Jahrhunderte vor der modernen Zeitrechnung der Philosoph Heraklit notiert hat und seitdem in seinen Fragmenten nachzulesen ist. *Nichts auf der ganzen Welt ist beständig*, wie es der Dichter Ovid in seinen Metamorphosen ausgedrückt hat, als Christus schon in der Welt war, und selbst die Bibel beginnt mit einer Bewegung, indem sie Gott die schlichten Worte in den Mund legt, *es werde*, nämlich Licht in der Finsternis, die noch längst nicht verschwunden ist und als Dunkelenergie am Himmel bleibt, wie weiter unten noch einmal zur Sprache kommt. Es leitet einen also in die Irre, wenn man Hamlets *Sein oder Nichtsein* zu eng versteht und das Werden übersieht, das aus den nicht realisierten Möglichkeiten zur erlebten Wirklichkeit führt.

Trotzdem stellt sich dieser scheinbaren Selbstverständlichkeit und uralten Wahrnehmung einer werdenden Welt voller Wandel und Bewegung die Betonung von unveränderlichen Größen entgegen, die bei Platon den Ideen zugeschrieben werden, um so den Menschen das Erkennen zu ermöglichen, und die im Christentum Gottes Schöpfungen zugewiesen werden, die von Anfang an perfekt sein müssen, wie es sich für den Herrn im Himmel und seine Handlungen gehört.

Der Evolutionsbiologe Ernst Mayr hat diese platonisch-christlich bedingte Vorstellung, dass die Formen des Lebens in wenigen Archetypen festliegen, die durch alle Zeiten hindurch essenziell erhalten bleiben und sich in ihrer konkreten Existenz nur unwesentlich unterscheiden, in seinem Buch über *Die Entwicklung (!) der biologischen Gedankenwelt* als Essentialismus bezeichnet und dieser Ideologie vorgeworfen, mehr als tausend Jahre lang verhindert zu haben, dass die Menschen beim Studium der lebendigen und bewegten Natur auf den grundlegenden und oftmals dann als gefährlich eingestuften Gedanken gekommen sind, dass die Arten – also auch die Menschen selbst – einem Wandel unterliegen und also eine Evolution erfahren haben, die natürlich nicht just in dem Augenblick an ihr Ende gelangt, in dem sie erkannt wird.

Der erste, der von einem Wandel der Arten geschrieben hat, war der französische Gelehrte Jean-Baptiste de Lamarck, der zu Beginn des 19. Jahrhunderts bei den Exemplaren seiner Sammlung von Fossilien nicht mehr übersehen konnte, dass einige Entwicklungslinien ins Leere liefen oder ausgestorben waren, wie man heute sagt. Und um Gottes große Güte zu retten, erklärte Lamarck das Sterben weg und ersetzte es durch die Idee eines Wandels der Arten, also einer Evolution. Wer heute über das Werden dieses Entwicklungsgedankens nachsinnt, wird natürlich so schnell wie möglich den Namen von Charles Darwin erwähnen, was hier auch getan werden soll, aber nur, um Darwins Erneuerung der Biologie und der Betrachtung der natürlichen Welt in den kulturellen Kontext zu stellen, in dem sie gelungen ist.

Kulturhistoriker kennen die Zeit um 1800 – genauer die Jahre zwischen 1770 und 1830 – als Epoche der Romantik, und wenn viele Menschen bei diesem Wort zunächst an einen himmelblauen Klingklang, Hymnen an die Nacht und romantisches Liedgut denken – etwa an Schuberts *Winterreise* und andere Kompositionen mit rastlos wandernden, also innerlich wie äußerlich bewegten Gesellen –, so steckt in dieser kulturellen und humanen Reaktion

Alchemistische Darstellung, wie aus einer gelungenen Synthese der in polarer Spannung stehenden Grundelemente Feuer, Wasser, Luft und Erde im alchemistischen Gefäß, dem „vas hermetis", der „Stein der Weisen" gebildet wird.

auf die Physik Newtons und die Philosophie der Aufklärung doch etwas wahrlich Grundlegendes. In den prägnanten Worten von Isaiah Berlin, dem Ideenhistoriker aus Oxford, der 2004 *Die Wurzeln der Romantik* freigelegt hat:

*Soweit ich sehe, ist dies die Quintessenz der romantischen Bewegung: der Wille und der Mensch als eine Form von Tätigkeit, als etwas das unbeschreiblich ist, weil es in einem fort schöpferisch tätig ist; man muss nicht einmal behaupten, dass es sich selbst schafft, denn es gibt kein Ich, es gibt nur Bewegung. Das ist der Kern der romantischen Bewegung,*

wobei der Philosoph Berlin an anderer Stelle seinen Lesern mitteilt, dass *Die Revolution der Romantik* viel weiter reicht, als sich viele klarmachen:

*Die von uns Romantik genannte Bewegung veränderte die Ethik und die Politik der Neuzeit in einem viel größeren Ausmaß, als uns bisher bewusst geworden ist,*

wie er schreibt, um darauf hinzuweisen, dass mit den Romantikern die Werte in die Welt kamen, und zwar von den Menschen selbst, die sich damit selbst schaffen und einen Eigenwert geben konnten.

Ethik und Politik können nicht zu meinem Thema werden, aber auf der Ebene der Wissenschaft kommt mit der Romantik ein Gedanke auf, der einfach auszudrücken ist und revolutionär wirkt. Es ist der Gedanke einer polaren Welt, in der sich das Bewusste und das Unbewusste, das Denken und Träumen, das Sichtbare und das Unsichtbare gleichberechtigt begegnen, was meinem Vortrag endlich die Gelegenheit bietet, einen zentralen Begriff einzuführen, den der Energie nämlich. Das Wort war und ist zwar alt, denn es stammt von Aristoteles, der als erster über eine Theorie des Werdens nachdachte und meinte, dass es neben dem Sein und dem Nichtsein noch etwas Drittes gebe, nämlich das Möglichsein. Die Wirklichkeit ist nicht, sie kann nur werden, indem das Potentielle in das Reale verwandelt wird, und dies gelingt durch den Einsatz einer Wirkkraft oder dynamischen Größe, die der Philosoph *energeia* nannte, also Energie. So ist das Wort alt, aber seine Bedeutung erkannte erst die Neuzeit, das heißt, der Begriff kam zum ersten Mal in den Jahren der Romantik in Gebrauch, als man zum einen verstand, dass Sichtbares durch Unsichtbares erklärt und das Mögliche dem Wirklichen gegenübergestellt werden kann wie die Nacht dem Tag, das Bewusste dem Unbewussten und der Traum dem Wahrgenommenen.

Wie oben angedeutet, schauten die Menschen lange Zeit nach der Essenz der als unveränderlich betrachteten Dinge, und bis ins frühe 19. Jahrhundert hinein war etwa in der Physik viel von Kraft und Kräften, nicht aber von Energie die Rede. Das änderte sich erst in der Epoche der Romantik, und als zum Beispiel der Physiker Hermann von Helmholtz

Louis Meijer (1809-1866), Sturm in der Straße von Dover, Rijksmuseum, Amsterdam (www.wikimedia.org)

sich endlich dazu durchringen konnte, die Bewegungen der physikalischen Körper weniger auf Kräfte und mehr auf ihre Energie zurückzuführen, da konnte er etwas formulieren, was bald als *Erster Hauptsatz der Thermodynamik* bekannt wurde und bis heute in der Schule unterrichtet wird, jedenfalls noch zu der Zeit, als ich das Gymnasium besuchte. Dieser Hauptsatz der Physik lässt sich ganz einfach formulieren, nämlich durch die Worte, *Die Energie der Welt ist konstant*. Was zunächst auf einem Symposium über das Werden kontraproduktiv klingt – es geht vordergründig um die Unveränderlichkeit einer obskuren Größe –, stellt sich beim genaueren Hinschauen als dramatische Einsicht heraus, die das Denken über eine sich verändernde Welt herausfordert.

Bevor dies erläutert wird, noch eine Anmerkung: Wenn es einen *Ersten Hauptsatz der Wärmelehre* gibt, dann sollte es auf jeden Fall auch einen *Zweiten Hauptsatz* geben, und das trifft auch zu. Er handelt nicht von der Energie, sondern von einer physikalischen Größe namens Entropie, wobei dieses Kunstwort in der Mitte des 19. Jahrhunderts so gebildet wurde, dass es wie Energie klingt. Die Frage, *Was ist Entropie?*, beschäftigt viele Forscher bis heute, und wer sie zu beantworten versucht, wird von Wahrscheinlichkeiten, Informationen und Ordnungszuständen sprechen müssen, was hier aber unterlassen wird, um daran zu erinnern, was der *Zweite Hauptsatz* aussagt. Ihm zufolge kann die Entropie eines physikalischen Systems nur zunehmen, und zwar so lange, bis ihr Maximum erreicht ist. Die Entropie führt auf diese Weise eine Richtung der Zeit in die Physik ein, und ihr Pfeil zeigt nach vorne in die Zukunft, was zwar den Bewegungen und dem Werden der Dinge die richtige Richtung weist, damit aber noch nicht verstanden ist, wie die klassische Umkehrbarkeit der Zeit verhindert wird. Dies kann hier nur angedeutet und nicht weiter ausgeführt werden, da es gilt, möglichst schnell zu der Energie zurückzukommen, die nach dem *Ersten Hauptsatz der Thermodynamik* konstant ist.

Übrigens – es gibt böswillige Kritiker der Naturwissenschaft, die gerne davon erzählen, dass vermeintliche wissenschaftliche Wahrheiten sich manchmal in Luft auflösen – etwa die Idee eines Verbrennungsstoffes, der mit den Flammen eines Feuers entweicht, oder die Vorstellungen von Bahnen, auf denen die Elektronen in einem Atom den Kern umrunden. Doch mit dem *Ersten Hauptsatz* hat es eine besondere Bewandtnis in dem Sinne, dass die

Erhaltung der Energie als Folge einer Symmetrie der Zeit – genauer: ihrer Translationsinvarianz – zustande kommt, wie in dem erstaunlichen Noether-Theorem nachgewiesen wurde, das Emmy Noether im Jahre 1918 formulieren und beweisen konnte. Mit anderen Worten, die Energie ist genau das, was der *Erste Hauptsatz* behauptet, nämlich konstant, und es ist die Zeit selbst, die dafür Sorge trägt.

Hermann von Helmholtz, der als Vater dieser Einsicht gefeiert wird, hat das schlichte *konstant* durch das raffinierte *unzerstörbar* ersetzt und betont, dass der *Erste Hauptsatz* erlaubt, dass die Energie sich permanent wandelt, aber eben so, dass sie nie verschwindet. Energie steht immer und ewig zur Verfügung, aber nie in fester Form, sondern nur in ständig neuen Gestalten. Energie kann nicht anders, als sich zu wandeln, und dabei bewegt sie sich und die Welt und verändert sie ohne menschliches Zutun.

Wie Theodor W. Adorno es gesagt hat: Die These von Karl Marx, nach der es darauf ankommt, die Welt zu verändern, ist veraltet. Das tut die Welt selbst mit ihrer Energie. Nach Adorno

*... ward die Welt [gerade] deswegen nicht verändert, weil sie zu wenig interpretiert worden ist.*

Eine Theorie kann nur dann verändern, wenn sie selbst nicht unmittelbar auf Veränderung abziele, wie der Dialektiker Adorno im langen Sommer der Theorie 1968 meinte.

Energie kann Bewegungsenergie sein, kann sich als Wärmeenergie, Ruheenergie, Kernenergie und in vielen anderen Formen zeigen und wirken – und selbst seelische, psychische oder kriminelle Energie sind den meisten Menschen bekannt, wenn auch nicht unbedingt wohlvertraut. Wenn irgendetwas irgendwo in der Welt kausal bedingt wird – ein Stein, der geworfen wird, eine Zelle, die sich teilt, eine Pflanze, die im Sonnenlicht wächst, ein Computer, der eingeschaltet wird –, wenn irgendetwas irgendwo in der Welt kausal bedingt geschieht, dann muss dabei Energie übertragen

worden sein – von der Hand auf den Stein, vom Licht auf die Blätter und so weiter.

Ohne Energie passiert nichts, mit Energie kann alles passieren, so wie es Aristoteles ganz am Anfang der europäischen Denktraditionen gesehen hat. Er stellte sich eine Welt in Bewegung oder im Werden vor, wobei es am Anfang der Welt eine ähnliche Situation gegeben haben muss. Denn wenn Gott spricht, *es werde*, dann kann dieser Befehl nur ausgeführt werden, wenn er aus einer Fülle namens Energie schöpfen kann, wenn er Energie vorfindet, und davon spricht die Bibel auch. Sie stellt fest, dass vor dem Auftreten des Herrn *Finsternis über der Urflut* lag und die ganze Welt erfüllte. Seit dem 19. Jahrhundert kann man genauer sagen, woraus sich diese Finsternis zusammensetzte, nämlich aus der Energie, die das Werden der Welt auslöst und ihre Expansion ermöglicht, und mir gefällt die Tatsache ungemein, dass die moderne Physik dabei ist, die ursprüngliche Finsternis wieder herzustellen, die nun als Dunkelmaterie und Dunkelenergie den Raum füllt.

Wenn gläubige Menschen sagen, das Universum steckt voller Göttlichkeit, die sich in seinem kosmischen Werden zeigt, dann sagen wissenschaftlich orientierte Menschen, das Universum steckt voller Energie, mit der sich sein expansives Werden vollzieht, und man sollte sich ruhig klarmachen, dass man über die Energie oder über Gott alles Mögliche wissen und sagen kann, nur nicht, was beide als Substanz oder ihrem Wesen nach sind. Sie lassen sich nicht anfassen und festhalten oder gar feststellen. Gott schafft die Möglichkeit des Werdens, und Energie schafft die Möglichkeit des Wandels, mit ihr kann man etwas wandeln, etwas machen, etwas formen, etwas bilden, etwas entstehen und werden lassen. Energie ermöglicht eine Welt im Werden, ohne dass man ihr eigenes Sein zu fassen bekommen könnte. In der Sprache der Göttlichkeit lässt sich sagen, die Welt bekommt ihre Form, weshalb die Bibel auch falsch übersetzt wird, wenn es heißt, *Am Anfang war das Wort*. Viel eindrücklicher und sinnvoller wäre das Wort, „Am Anfang war die Information", wobei Information einmal das meinte, was ein Bildhauer mit dem Stein macht, den er bearbeitet. Er gibt ihm seine Form, so wie der Schöpfer der Welt die Form gibt, die ihrem Werden angemessen ist.

Während Aristoteles sich sehr früh an einer Theorie des Werdens versuchte, bevorzugten die Philosophen nach ihm mehr das Sein, das sie im Rahmen einer Ontologie erkundeten, wobei sie schon wussten, dass es da noch die Dimension des Zeitlichen gibt. *Sein und Zeit*, so heißt das wohl berühmteste Werk aus dem 20. Jahrhundert, das leider keine Theologie entwickelt, wie man eine Lehre des Werden nennen könnte, wobei sich das ungewohnte Substantiv dem Verb in dem berühmten Satz von Heraklit verdankt, dem zufolge alles im Fluss ist, *panta rhei* auf Griechisch, wobei man nicht nur an Wasser, sondern auch an das biblische Duo Milch und Honig denken kann, deren Fließen zu beobachten Freude machen sollte.

Das Sein und die Zeit also, und als diese Ontologie erschien, kannten die Menschen schon länger den Gedanken einer Evolution, der in seiner überzeugendsten Form Charles Darwin zu verdanken ist, der zu seiner gedanklichen Genese nicht nur eine Fülle von Empirie und eine globale Beweglichkeit in Form einer Weltreise benötigte, sondern im Hintergrund eine sozialpolitische Entwicklung namens Industrialisierung erlebte, die gerne als industrielle Revolution bezeichnet wird und in dieser Formulierung die dramatische Bewegung der gesellschaftlichen Verhältnisse erkennen lässt, die sie auslöste. Vielleicht sollte man an dieser Stelle erwähnen, dass diese Bewegung eng mit der Verfügbarkeit von Energie - erst in Form von Kohle und dann als das schwarze Gold Öl - zusammenhängt und es die damit mögliche Bewegung von Maschinen war, die zu den gesellschaftlichen Bewegungen führte, die dann Sozialphilosophen wie Karl Marx analysierten. In diesem Zusammenhang gilt zu beachten, dass die Annahme, Darwin habe erst den Wandel in der Natur verstanden und damit den der Gesellschaft erklärt oder verständlich gemacht – Stichwort Sozialdarwinismus –, auf

Buntglasfenster im Speisesaal des Gonville und Caius College in Cambridge (UK), zum Gedenken an Francis Crick, der die molekulare Struktur der DNA mitentdeckte, einen Nobelpreis erhielt und ein Ehrenmitglied des Colleges war. Das Fenster repräsentiert eine Doppelhelix; der Text auf den Fenstern lautet: F.H.C. CRICK, HONORARY FELLOW 1976.
(www.wikimedia.org)

keinen Fall zutrifft. Es verhält sich genau umgekehrt, das heißt, eine Kenntnis der sozialen Situation – die steigende Zahl von Menschen und die stagnierende Produktion von Nahrungsmitteln – hat ihn auf den Gedanken von einem Überlebenskampf gebracht, sodass es die Dynamik der Gesellschaft ermöglichte, die evolutionäre Dynamik des Lebens, den Wandel der Arten, zu verstehen und als Urphänomen der organischen Welt anzusehen.

Hier kann das Wechselspiel zwischen Gesellschaftstheorie und Evolutionsbiologie nicht vertieft werden, denn an dieser Stelle soll etwas Grundlegenderes zur Sprache kommen, nämlich der Gedanke, dass die Evolution nur der erste Schritt des Werdens ist, das sich bald als werdendes Werden zeigt, wobei ich hier und heute zwar dem Lebendigen verhaftet bleibe, aber nicht ohne den Hinweis auf das Weltall im Werden weitermachen möchte. Im Verlauf des 20. Jahrhunderts haben Menschen vor allem im Kontext der Gravitationstheorie von Albert Einstein, die auch als Allgemeine Relativitätstheorie bekannt (oder besser: unbekannt) ist, verstanden, dass das Universum nicht statisch ist, sondern sich ausdehnt und expandiert. Und nicht nur das. Auch die Expansion ist nicht konstant, sie geht vielmehr beschleunigt vonstatten – wofür eine schon erwähnte Dunkelenergie (!) verantwortlich gemacht wird –, was bedeutet, dass die Expansion des Kosmos expandiert und also das Werden der Welt im Werden begriffen ist (vgl. dazu die Tabelle am Ende).

Zurück zum Leben, das in einer Welt aufgetreten ist, in der sich permanent etwas wandelt, nämlich die Energie, und in der deshalb alles modifiziert und variiert wird, was man als Evolution bezeichnen kann. Ich verstehe unter Evolution jetzt Bewegtheit und Veränderlichkeit pur. Das Sein steckt voller Werden, und mit diesem evolutionären Grundgeschehen passiert im Laufe der Zeit etwas, das sich leicht beschreiben lässt. Bei Evolution denkt man rasch an das Leben, und wenn man dies tut, fällt einem auf, dass das Leben nicht einfach da ist, sondern immer neu werden muss. Leben muss Leben zeugen, wie niemandem erklärt zu werden braucht, was aber dazu führt, dass das Geschehen den Vorgang hervorbringt, den Biologen als Entwicklung oder Ontogenese bezeichnen. Wenn man den Unterschied zwischen der kosmischen Evolution und der organischen Entwicklung auf einen Sachverhalt reduzieren will, kann man sagen, dass die Evolution ohne Plan verläuft, während bei der Entwicklung ein Plan ausgeführt wird und das dazugehörige Werden des

Lebens steuert oder wenigstens antreibt und führt. Dieser Plan steckt in dem, was die Wissenschaft das Genom, die Gesamtheit der Gene oder das genetische Material nennt.

Das werdende Leben folgt also bei seiner Entwicklung einem genetischen Plan, wobei ich gerne den Hinweis gebe, dass im 21. Jahrhundert das Attribut *genetisch* auf die Anwesenheit von Genen hinweist und ausdrücken will, dass etwas von Genen verursacht worden ist. Doch *genetisch* stammt nicht von Genen. *Genetisch* stammt von Goethe, der im späten 18. Jahrhundert von der Notwendigkeit einer genetischen Wissenschaft sprach und damit meinte, man müsse nicht das Sein einer Pflanze und eines Blattes erkunden, sondern ihr Werden. Goethe betrieb das, was als Morphogenese bekannt ist und mir die Möglichkeit gibt, der von ihm gestellten Aufgabe weiter nachzugehen.

Tatsächlich kann man nach der plan- und ziellosen Bewegung namens Evolution und der planvollen Dynamik namens Entwicklung eine dritte Form der Bewegung ausmachen, die nicht nur nach Plan verläuft, sondern sich auch ein Ziel stellt. Dieses dritte Werden verdanken die Menschen ihrem Organ unter der Schädeldecke, das Gehirn heißt, im Laufe der Entwicklungsgeschichte entstanden ist und den mit ihm ausgestatteten Menschen die geheimnisvolle und bestaunte Eigenschaft der Kreativität verleiht. Natürlich ist die Kreativität als bildende Bewegung von künstlerisch und wissenschaftlich tätigen Menschen damit nicht verstanden. Sie kann auf diese Weise aber in einen allgemeinen Rahmen von natürlichen Erklärungen gestellt werden und den ihr zustehenden Platz in dem Fließenden der Welt finden, in der in jedem Augenblick etwas Neues geschieht, wie in den *Metamorphosen* von Ovid zu lesen ist.

Mein Beitrag steht unter der Überschrift *Bewegte Beweger*, die ich abschließend erläutern möchte, weil sie erlaubt, die Philosophie der Antike und des Mittelalters mit der Genetik der Neuzeit zu verweben. Sowohl Aristoteles als auch Dante sahen deutlich, dass die Welt in dauerhafter Bewegung ist, und sie führten Denkfiguren ein, um damit klarzukommen. Bei Dante gibt es im jenseitigen Himmel ein *Primum Mobile*, das die Dinge in Schwung hält, wobei Dante dieses Wirkprinzip in das kosmische Schema einbaut, das von Aristoteles stammt und im Mittelalter christlich aufgeladen wurde. Bei Aristoteles gibt es auch einen Urantreiber, für den er die Bezeichnung *unbewegter Beweger* einführt, die inzwischen nicht mehr hinreichend ist. Wer heute ein genetisches Verstehen der Welt erkundet, kommt rasch auf die Gene zu sprechen, die in den Zellen stecken und mit Informationen versorgen, und von diesen Genen weiß man seit den 1970er Jahren und inzwischen immer genauer, dass es sie gar nicht als feste Größen gibt. Gene sind nicht, Gene werden nur, in jeder einzelnen Zelle und in dem wichtigsten Organ, dem Gehirn, auf besonders vielfältige und einzigartige Weise – Stichwort: Genom als Mosaik –, was es erlaubt, sie als *Bewegte Beweger* des Lebens und der Menschen zu beschreiben. Wie heißt es bei Isaiah Berlin:

*Es gibt kein Ich, es gibt nur Bewegung. Das ist der Kern der romantischen Bewegung.*

So ist es: Es gibt keine Gene, es gibt nur Bewegung. Das ist der Kern der lebendigen Bewegung, die den Menschen und seine Kultur hervorbringt. Nichts ist, alles wird, auch das Werden. Es ist nicht nur die Welt, die weltet, es ist auch das Werden, das werdet. Die Zukunft bleibt auf diese Weise offen.

**PS: Noch eine Anmerkung:**
Wenn gesagt wurde, dass Aristoteles eine erste Theorie des Werdens versucht hat, so sollte man ergänzen, dass die moderne Physik namens Quantenmechanik eine zweite Theorie des Werdens vorlegt. Im Rahmen dieser Wissenschaft kann man zum Beispiel nicht mehr sagen, was oder wo ein Elektron ist. Man kann nur sagen, was einem Elektron möglich ist und aus ihm wird, wenn ein Beobachter nachschaut. Es wird ein Teilchen, wenn man nach seiner Masse fragt, es reagiert als Welle, wenn man Objekte mit ihm sichtbar machen will (im Elektronenmikroskop), und weil es sowohl Welle als auch Teilchen sein kann, bleibt sein Ort unbestimmt, solange niemand danach fragt. Die Dinge bekommen ihre wirklichen Eigenschaften aus dem Spektrum ihrer Möglichkeiten erst dadurch, dass sie jemand beschreibt und ermittelt – zum Beispiel die Bahn eines Elektrons in einem Atom. Die Dinge sind für sich unbestimmt, und sie werden erst durch einen Eingriff von außen bestimmt. Wir wissen nicht, was die Wirklichkeit ist, sondern nur, wie sich die vorhandenen Möglichkeiten umsetzen, wenn wir sie erkunden. Physik beschreibt nicht die Natur, sondern das menschliche Wissen von der Natur, und das ändert sich unentwegt. *Man kann nicht nicht wissen wollen*, wie es Robert Musils *Mann ohne Eigenschaften* ausgedrückt hat, der im frühen 20. Jahrhundert lebte, als die Welt dabei war, den wissenschaftlichen Menschen hervorzubringen. Seine Kreativität scheint grenzenlos zu sein, und alle Möglichkeiten stehen ihm offen.

**Ernst Peter Fischer**
Professor (apl.) für Wissenschaftsgeschichte an der Universität in Heidelberg; freie Tätigkeiten als Wissenschaftsvermittler und Berater, unter anderem für die Stiftung Forum für Verantwortung; Autor zahlreicher Bücher – zuletzt: *Die Geschichte der Energie* (2014), *Die Verzauberung der Welt* (2015), *Durch die Nacht* (2015).

# „Libido" – die treibende Kraft in uns

## Das Energiekonzept von C. G. Jung

Dieter Schnocks



### Was treibt mich an?

Die treibende Kraft für die psychischen Prozesse wurde auch von C. G. Jung in Anlehnung an S. Freud *Libido* (lateinisch libido: Begehren, Begierde) genannt, die er aber als eine allgemeine psychische Lebens-Energie verstand, die jede menschliche Entwicklung in Gang bringt und hält.

*Der angewandte Libido-Begriff erscheint in unserer Anschauung als sexuelle, vitale, moralische usw. Energie"*

Jung, GW 8, § 55

Für viele Menschen bedeutet die Leidenschaft für Sport, Kunst oder Musik eine große Vitalisierung der Libido. Dies hebt in besonderem Maße ihre Lebensqualität. Nicht selten sind es Sehnsüchte, die für Anregung und Aktivierung sorgen. Begehrenswert schön sein wollen ist z. B. für viele Menschen ein belebender Motivator für viele Aktivitäten im Bereich Bekleidung und Körperpflege.

Natürlich kann Libido auch in psychosomatische Symptome gehen, in belastende Körpersymptomen oder in Ängste, die sich dann körperlich äußern können. Oft ist es schwierig, diese Energie bewusst zu machen und in andere Ausdrucksformen überzuleiten.

Das Bewusstsein darüber, wie wir *energetisch drauf sind*, ist etwas ganz Wichtiges. Es scheint so, als ob in unserer heutigen Zeit dafür mehr Bewusstsein entstanden ist. Gerade von jungen Leuten hört man oft Aussagen über ihre energetische Tagesform: *Ich bin total down* oder *echt fit* usw.

### Gegensatzstruktur der Psyche
### Die Grundtatsache der Konflikthaftigkeit

Jung nimmt eine polare Struktur der Psyche an. Angelehnt ist diese Vorstellung von den Gegensätzen an die philosophischen Ideen Heraklits, der der Ansicht ist, dass jedes menschliche Leben in sein Gegenteil hineinläuft. Alles Menschliche ist demnach relativ, weil alles auf innerer Gegensätzlichkeit beruht. Das energetische Phänomen beruht notwendigerweise auf einem präexistenten Gegensatz, ohne den es gar keinen Energiefluss geben könnte. Gegenpole wie hoch und tief, heiß und kalt usw. sind die Voraussetzung dafür, dass Ausgleichungsprozesse stattfinden, die dann zu energetischen Bewegungen führen. Die Gegensatzstruktur wird damit „die unausrottbare und unerlässliche Bedingung unseres seelischen Lebens" (Jung, GW 14/1, § 200).

Jung hat sich intensiv mit dem Gegensatzthema beschäftigt, entsprechende Beobachtungen und Formulierungen durchziehen sein gesamtes Werk. Sie bilden die Basis seiner Konflikttheorie, seines Beitrags zur Neurosentheorie sowie überhaupt seiner gesamten Theorie der psychischen Dynamik.

Er sieht den Konflikt allgemein als eine Konstellation von Gegensatzpaaren. Er sei „vielleicht auch die Grundlage jener Spannung, die wir als psychische Energie bezeichnen". Denn:

*Jeder Konflikt bedeutet eine Belebung der Gegensatzposition und wird damit zum wesentlichen Erlebnis des Individuationsprozesses.*

Jung, GW 8, § 98

Konflikte sind daher nicht nur ganz natürlich für jeden Menschen, sondern sie sind sogar wichtige Impulsgeber für die Individuation. Gerade das aktive Bemühen um ein seelisches Fortkommen für die eigene Individuation führe den Menschen immer wieder zu den eigenen inneren Konflikten.

Wenn ich Bewusstsein darüber habe, dass in mir immerwährend energetische Dynamik stattfindet, komme ich nicht an Jungs Erkenntnis vorbei, dass diese Energie aus Gegensätzen entsteht. Man könnte sagen, ohne Spannung der Gegensätze entsteht keine Energie. Somit müssen wir sehen und erkennen, dass unsere Entscheidungsprobleme, ja im Grunde jeder Konflikt unseres Lebens, eine Belebung von Gegensatzpositionen bedeutet. Das ständige Entscheiden-Müssen belebt die innere Gegensatzdynamik fortwährend. Oft leiden wir unter der inneren Spannung beim Abwägen von Für und Wider. Bei schwierigen Lebenssituationen kommt es oft zu deutlichem Leid aufgrund der vielfältigen gegensätzlichen Aspekte, die bedacht werden wollen.

Die Erkenntnis, dass die inneren energetischen Gegensatzspannungen zum Leben gehören und die daraus entstehenden Konflikte lebendiges Leben bedeuten, ist grundlegend. Nun kann ich mich fragen: Wie stehe ich zu dieser Grundtatsache der Konflikthaftigkeit? Und: Wie schätze ich mich diesen inneren Spannungen gegenüber ein? Habe ich das Gefühl, dass ich mit einem stabilen Ich, mit einer genügend starken Ich-Person, den, im wahrsten Sinne, spannenden Gegensatzdynamiken, die ich in meinem Leben ertragen oder managen muss, gewachsen bin?

Im ersten Schritt bedeutet es bereits einen Erkenntniszuwachs, wenn ich die sogenannte *Wohltätigkeit des Konflikts* sehen oder erahnen kann. Die Spannungsbeziehungen, die in Konflikten zum Tragen kommen und energetische Dynamik entstehen lassen, bringen ja schließlich vorwärts. Dieses Vertrauen in die Sinnhaftigkeit der Konflikte ist meist ein deutlicher Zuwachs an Weisheit und führt in der Dynamik des Lebens zu deutlich mehr Gelassenheit. Das heißt, die Einstellung zum Konflikt und zur Konflikthaftigkeit ist etwas äußerst Wichtiges. Eine übergroße Abwehr, Fluchttendenzen und andauernde Angst vor aufkommenden Konflikten bedeuten im Leben meist Zuflucht in eine Enge sowie eine deutliche Begrenzung der Lebensdynamik und der Möglichkeiten von Lebenserfahrungen.

Jung spricht in seinem *Roten Buch* symbolisch über die Grunddynamik der Lebensenergie. Er spricht vom Brennenden und im Gegensatz dazu vom Wachsenden. Die Symbolbilder sind der brennende Busch und der Baum des Lebens. Wenn man diese symbolische Gegensatzdynamik aufgreift, so kann man sich fragen: Wie viel *brennender Busch* lebe ich, wie viel davon lasse ich zu, hat Platz in meinem Leben? Auf der anderen Seite steht die Frage: Wie viel Verwurzelung, wie viel Geborgenheit, wie viel *Baum des Lebens* wird von mir gelebt?

Viele Menschen haben wohl einen Ausgleich zwischen beiden Teilen gefunden, aber vielleicht wechselt es ja auch im Leben immer wieder, wie stark wir brennen und wie stark wir verwurzelt wachsen. Wahrscheinlich ist, dass beides wichtig ist und wir je nach Persönlichkeitsstruktur und auch nach bewusster Entscheidung brennen und wachsen.

In *Erinnerungen, Träume, Gedanken* spricht Jung im Zusammenhang mit dieser Lebensthematik wie Goethe von *zwei Seelen, ach in meiner Brust*. Man könnte also sagen, auch zwischen den archetypischen Grunddynamiken gibt es Spannung und man kann diese Spannung durchaus als Gegensatz zwischen teuflischen und göttlichen Kräften empfinden.

**Selbstregulation**
**Wie reguliert sich meine Psyche?**
Die Psyche ist in der Lage, sich selbst zu regulieren. Der Begriff Selbstregulation wurde ursprünglich von Maeder in die Psychologie eingeführt und von Jung seitdem regelmäßig verwendet. Für Jung ist die Psyche ein „selbstregulierender Apparat wie der lebende Körper" (Jung, GW 8, § 159).

Selbstregulierungsprozesse sind natürlich sehr vielfältig und immer sind die verschiedenen energetischen Impulse miteinander vernetzt. Hier sollen nun einige wichtige Mechanismen der Selbstregulation, mit denen sich Jung besonders beschäftigt hat, dargestellt werden: die Kompensation, der Projektionsmechanismus und die Verlagerung der Libido, außerdem die Idee, dass wichtige Impulse für die Autoregulation als Signale aus dem Selbst-Zentrum kommen.

Im Wesentlichen sind die Prozesse der Selbstregulierung unbewusste Abläufe. Sie stellen sich ein und sind sowohl im Verlauf sowie im Nachhinein zu erkennen und zu analysieren. Sind die Prozesse erkannt, kann das Ich-Bewusstsein versuchen, in das Selbstregulierungsgeschehen einzugreifen und das Geschehen gegebenenfalls bewusst unterstützen.

Selbstregulierungsprozesse können auch bewusst angestoßen werden. Dies ist insbesondere dann sinnvoll, wenn es den unbewussten Regulationsimpulsen nicht gelingt, ein gutes Gleichgewicht zu erreichen. Bewusst lassen sich z. B. Änderungen von Verhalten oder neue Lebenspläne initiieren, womit natürlich auch neue innerpsychische Regulierungsprozesse in Gang gesetzt werden. Jedenfalls bringt Erkenntnis über die gegebenen Abläufe der Selbstregulierung für das Ich-Bewusstsein des Einzelnen mehr Möglichkeiten, unerwünschte Mechanismen kritisch anzusehen und gegebenenfalls zu verändern.

## Wie funktionieren meine Kompensationsmechanismen?

Kompensation spielt in jedem Menschenleben eine große Rolle. Sie ist eine Grundregel für unser psychisches Verhalten. Gibt es im seeli-

Faust und Mephisto, die zwei Seiten auch in Goethes Brust?
Goethe-Statue in der Villa Borghese, Rom. Foto: Sjaak Kempe (www.flickr com)

schen Geschehen an einer Stelle zu wenig, so wird an einer anderen zu viel erzeugt. Gebe ich dem Bewusstsein zu viel Energie, kann ich davon ausgehen, dass im Unbewussten energetischer Mangel besteht und eben hier eine entsprechende Ausgleichsbewegung ansteht. Bei vielen Vorgängen im Leben kann man sagen, dass einer Positivbewertung von Inhalten nicht selten eine kritisch-negative Bewertung folgt.

Insbesondere spielt diese Kompensationsregulierung bei der Selbstwertregulierung eine große Rolle. So rufen zum Beispiel Größenfantasien meist Gefühle von Minderwertigkeit auf den Plan, und eine hohe Idealisierung der Eltern wird oft vom Gegenteil beantwortet. Eine überhohe Bewertung meiner Mitmenschen führt häufig zu Ohnmachts- und Wutgefühlen bei mir selbst, und erst recht scheint es beim Gegensatzpaar Depression-Aggression zu kompensatorischen Regulationen zu kommen.

Kompensation ist oft hilfreich, wenn es darum geht, unerwünschte Reaktionen und

Verhaltensweisen abzuwehren. Dabei kann Suchtverhalten als probates Mittel erscheinen. Bei der Betrachtung meiner eigenen Kompensationsmechanismen und meiner Kompensationsvorgänge ist es daher auch wichtig zu sehen, wo ich meine Süchte einsetze. Oft unbemerkt sind es unsere kleinen oder größeren Suchtverhaltensweisen, die kompensatorischen Charakter haben und bei der Selbstregulierung innerhalb meiner Psyche eine durchaus wichtige Rolle spielen.

### Kompensation erlöst aus negativen Stimmungen

Man kann immer wieder beobachten, dass beispielsweise depressiv verstimmte Menschen versuchen, sich mit kompensatorisch aggressivem Schimpfen zu helfen. Sie können sich damit zwar nicht aufheitern, aber sie erleben eine subjektiv hilfreiche Anhebung ihres Energielevels. Und wie gesagt, hat Suchverhalten oft eine kompensatorische Funktion. Alkohol liefert Entspannung, Rauchen wirkt belebend. Es ist immer sinnvoll, die Ursachen der Anspannung bzw. Energielosigkeit zu hinterfragen, um möglicherweise problematisches Suchtverhalten durchbrechen zu können.

### Kann ich mich in meinen Projektionen erkennen?

Auch das projektive Geschehen kann man im Sinne der Selbstregulierung verstehen. Innere Dynamik, z. B. aus dem Schatten meiner Seele, aber auch aus tiefer liegenden Bereichen meines Unbewussten, will ins Lebensspiel kommen. Hierzu bietet sich die Projektion als geeignete seelische Maßnahme an. So betrachtet ist die Projektion ein grundlegender, normaler und hilfreicher Prozess, der dafür sorgt, dass innere Themen und Inhalte in die Außenwelt projiziert werden. Man könnte auch sagen, dass dies ein Umweg ist, der psychodynamisch eingeschlagen wird. Ich werde draußen in der Welt bei anderen Menschen oder von Dingen und Themen angesprochen, die ich selbst dort „hingeschickt" habe. Höchstwahrscheinlich liefert mir dabei irgen etwas einen Aufhänger, es bestehen also gewisse Voraussetzungen, die es mir erleichtern, meine seelischen Inhalte zu projizieren.

Für meine Selbsterkenntnis ist es wichtig, dass ich genau hinschaue, wo ich projiziere, ob ich – vielleicht sogar in problematischer Weise – anderen Menschen etwas *in die Schuhe schiebe* und so an anderen eigene Themen abarbeite. Dabei kann meine Aufre-

Hier findet sich ein ähnliches alchemistisches Motiv der Vereinigung der Gegensätze, das entfernt auch an die Yin-Yang-Symbolik des Taoismus erinnert. Es verbinden sich in sehr dynamischer verschlungener Weise Sonne (Feuer), Mond (Wasser), Löwe (Erde) und Vogel (Luft).

M. Maier, Symbola Auraea, 1617

gung über andere, meine überzogene Wut ein guter Hinweis auf mein Projektionsgeschehen sein. Projektion ist also grundsätzlich ein Regulierungsmechanismus. Wir projizieren ständig, und es liefert natürlich sehr hilfreiche Erkenntnisse, wenn ich diese Prozesse beachte, wenn ich mich immer wieder frage: Wo projiziere ich etwas auf meine Umwelt, auf meine Mitmenschen und was hat das mit mir zu tun? Warum muss ich das tun? Welche Bedeutung hat das für mich?

**Gelingt mir die Umwandlung meiner Energien?**

Ein weiteres ganz wichtiges Thema bei meiner Lebensgestaltung ist die Frage, wie ich meine Energien so einsetzen, verlagern und umwandeln kann, dass sie mich auf meinem Entwicklungsweg voranbringen. Im Grunde geht es auch darum, wie ich meine Energien in schöpferisches Tun verwandeln kann. Wie kann das schöpferische Tun im sozialen Bereich, im Entdecken von Themen und Lebensbereichen und erst recht im künstlerischen Tun ausgedrückt werden?

Grundsätzlich lässt sich feststellen, dass symbolische Bilder dafür sorgen, dass meine Energien in andere Formen überführt werden. Dabei kann man davon ausgehen, dass die Energiedynamik in meiner Seele danach drängt, in für mich wichtigen und sinnvollen Aktivitäten eingesetzt zu werden. Daher kann ich mich auch fragen: Für welche Interessen glühen meine Energien? Gibt es Leidenschaft und Begeisterung für bestimmte Themen in meinem Leben? Die Umwandlung meiner libidinösen Kraft in für mich sinnvolle Weiterentwicklung kann das Leben deutlich bereichern. Insbesondere scheint für viele Menschen die Begeisterung für geistige Themen eine Quelle für fortschreitende Lebensqualität zu sein.

Viele Menschen leiden unter fehlender Begeisterung und Leidenschaft. Natürlich ist auch diese Dynamik persönlichkeitsspezifisch. Aber ich glaube, es ist sinnvoll, für sich selbst zu klären, wo man dieser Dynamik auch Vorschub leisten kann, wo man interessiertes, begeistertes Tun anstreben kann. Jedenfalls ist das Bemühen um die Umwandlung der eigenen Libido-Energie in spannendes Tun eine große Lebensbereicherung.

Grundsätzlich könnte man auch sagen, dass es ein Menschenrecht auf Leidenschaft geben müsste, auf Leidenschaft, die so wichtig ist für die positive Regulierung des psychischen Geschehens.

Jung spricht im *Roten Buch* in diesem Zusammenhang von der Polarität zwischen Geschlechtlichkeit und Geistigkeit. Symbolisch spricht er von der Schlange, die dem Vogel gegenübergestellt ist (vgl. *Das Rote Buch*, S. 350). Die Schlange kommt aus der Dynamik des instinkthaften Libidinösen und der Vogel am Himmel steht für geistige volatile Dynamik. Diese Gegensätzlichkeit ist wohl eine zentrale Kraft des psychischen Geschehens. Die Vorstellung, dass die Schlange und der Vogel sich begegnen oder sogar küssen, bedeutet symbolisch das Gelingen von gegensatzvereinigender Umwandlung der psychischen Energie.

## Signale aus dem Selbst

Bei Jungs Libido-Modell ist immer ein zentraler, steuernder Faktor, das Selbst, mitgedacht, der die entsprechenden Energietransformationen veranlasst. Man stellt ihn sich sowohl allgemein dynamisch als auch individuell vor. Der Archetypus des Selbst ist somit immer wirksam. Er ist so etwas wie eine Grundursache für die Selbstregulierung der Psyche. C. G. Jung spricht vom Selbst als dem geheimen *Spiritus rector*, dessen Signale oder Impulse Einseitigkeiten in der Persönlichkeit kompensieren, wodurch eine Regulation der Integrität der Gesamtstruktur der Persönlichkeit zustande kommt.

Wenn die Regulationsimpulse aus dem Selbst erkannt und verstanden werden (z. B. durch intensive Selbsterfahrung oder durch Verstehen der Traumbotschaften) lassen sich Veränderung im Verhalten oder den Lebensplänen initiieren. Ein neu anzustrebendes Gleichgewicht kann somit unterstützt werden. Im tiefsten Sinne ist für C. G. Jung die Lebensenergie, die Libido des Menschen, **das göttliche Pneuma** (vgl. Jung, Briefe 1, S. 475), die vom Selbst organisiert wird.

Wobei für Jung das Selbst

*… nicht nur eine statische Größe oder eine beharrende Form, sondern zugleich auch ein dynamischer Vorgang ist, wie die Alten Imago Dei im Menschen nicht als eine bloße Einprägung, gewissermaßen als einen toten Stempelabdruck ansahen, sondern als eine wirkende Kraft.*

Jung, GW 9/2, § 411

Wir finden heute diese Vorstellung bei vielen Menschen, die sich als „Gottsuchende" verstehen. Sie erkennen in Gott eine unsichtbare, überall verbreitete Energie. Danach ist es diese innere Energie, die unser Leben in Gang hält und als Wirkkraft unser Schicksal mitsteuert.


**Literatur**
*Jung, C.G.:* Gesammelte Werke (GW) 1 - 20 Olten: Walter.
*Jung, C.G.:* Briefe 1 - 3. Olten: Walter.
*Schnocks, D.: (2019):* Mit C. G. Jung sich selbst verstehen. Kohlhammer.

**Dieter Schnocks**
Dipl.-Psychologe und Psychologischer Psychotherapeut in eigener Praxis, Dozent und Lehranalytiker und Autor. Ehem. 1. Vorsitzender des C. G. Jung-Instituts Stuttgart und führend tätig bei den deutschsprachigen C. G. Jung-Gesellschaften.

# Elementarbewegungen

## Auf die Weisheit unseres Körpers achten lernen

Dieter Knoll

Wir sind eine lebendige Einheit aus Körper, Seele und Geist. Alles, was wir denken, fühlen und was uns seelisch bewegt, drückt sich zugleich auch körperlich aus. Manches davon kann man von außen nicht sehen, anderes zeigt sich in unserer Mimik, unseren Gesten, unserer Körperhaltung und unseren Bewegungen. Das meiste davon läuft aber so unbewusst ab, dass wir es gar nicht bemerken. Kommunikationsforscher glauben, dass wir uns oft gegenseitig mehr durch die nonverbalen Signale unserer Körperbewegungen beeinflussen, als durch das verbal gesagte.

Wenn wir uns gerade jetzt, in diesem Moment, kurz auf unseren Körper einstellen, seine Atmung, Puls, Temperatur, seine Haltung und Mimik erspüren, schauen, was Hände und Füße gerade tun, werden wir vielleicht überrascht sein. Dauernd „spricht" unser Körper mit, reguliert irgendwelche körperlichen wie psychischen Befindlichkeiten, und wir merken es meist gar nicht. Brauchen wir vermutlich auch nicht. Meist reguliert sich die unbewusste Weisheit des Körpers gut genug selber, ohne dass wir uns einzumischen brauchen. Aber vielleicht wäre es manchmal doch auch ganz gut, wenn wir schneller und deutlicher spüren würden, was unser Körper gerade zum Ausdruck bringt.

### Elementarbewegungen

Wenn wir uns im Folgenden mit einigen unserer elementaren Bewegungsformen beschäftigen, betrachten wir also eine meist unbewusste Ebene des Seins, Erlebens und Handelns. Elementarbewegungen sind unsre ständigen archetypischen Begleiter, sie haben instinktive

Auf diesen und folgenden Fotos sehen wir den legendären Dirigenten Leonard Bernstein (1918-1990), dessen begeisternde Emotionalität sich auf das Orchester und Publikum wie „magisch" übertrug.
(www.wikimedia.org)

Wurzeln, sind körperlicher und zugleich auch geistiger Natur, bilden eine ganz eigene Kraft, die auf allen Ebenen des Seelenlebens wirksam sein kann, eine Sprache, die ihre eigene Grammatik hat. Sie sind meist autonome Aktionen und Reaktionen der Seele. Dennoch sind sie bewusstseinsfähig, auch steuerbar oder veränderbar, sind durch Lebensschicksale beeinflusst, geschärft, abgestumpft, beschleunigt, verlangsamt, können an Wirkungsmöglichkeit einbüßen oder sie erst entfalten, können komplexbesetzt sein oder dem bewussten Handeln verfügbar, können bis zu einem bestimmten Grad hervorgerufen oder auch gebremst und zugedeckt werden.

Ein Mensch verfügt z.B. über die Möglichkeit, bewusst eine introvertierte Haltung einzunehmen, wenn er den Rückzug braucht, so wie er sich extravertiert zu orientieren vermag, wenn er Kontakt und Interaktion sucht. Meist sind diese Bewegungen aber unbewusste Spontanreaktionen z.B. bei Bedrohung und Zurückweisung oder Aufforderung und Ermutigung.

Elementarbewegungen geschehen auch in der urtümlichen Symbolbildung, wenn ein Symbol aus dem Zwischenreich zwischen Instinkt und Geist als Vermittler und Verbinder aufblüht und ins Bewusstsein führt, zur Wirkung erwacht.

Die praktische Bedeutung dieser Elementarbewegungen in Therapie, Individuations- und Selbsterfahrungsprozessen liegt im Wiederauffinden der grundlegenden Dimensionen des eigenen Daseins, unserem Selbst, so dass wir sein können, wer wir im Kern sind, unmittelbar, einfach, natürlich, authentisch und auch darin, dass sie uns körperliche Wegweiser sind in ein bewussteres Wahrnehmen.

## Achtsamkeit

Wir können das Einfachste immer wieder neu entdecken. Sich mit den Elementarbewegungen befreunden, ist auch Arbeit an der Liebe zum eigenen Dasein, die einfache Erfahrung dessen, was eben so ist, wie es ist – ein Nach-Hause-Kommen vom Unterwegssein in den Regionen des Wollens und Sollens, des Urteilens und Bewertens.

Wir können in Therapieprozessen auf diese Ebene unsere Wahrheit des Hier und Jetzt immer wieder finden, z. B. durch die Beobachtung der körperlichen Reaktionen, denn sie sind immer schon da, führen uns, sagen uns etwas. Wir erleben sie auch in der auch in der körperlichen Gegenübertragung, können sie weiter entfalten durch einen bewussten Nachvollzug dieser Bewegungen oder durch deren Ausgestaltung in Imagination und Fantasie.

Die Beispiele für solche Bewegungen sind vielfältig, lassen sich z.B. beschreiben als zusammenziehen und ausdehnen, festhalten und loslassen, umkreisen und verharren, eindringen und herausdrängen, stehen bleiben und bewegen, standhalten und fliehen, stehen und liegen usw.

Hier fokussieren wir uns auf wenige Dimensionen, die diese Elementarprozesse veranschaulichen sollen. Damit ist dieses Thema nicht erschöpfend behandelt. Es gibt auch viele Kombinationen von Bewegungen, teils überschneidende, widersprüchliche, verstärkende, teils tarnende.

## Außen und Innen – Extraversion und Introversion

Verwandt mit: sich öffnen, verströmen, hergeben, einssein mit allem, sich entkleiden, sich weiten, heraustreten, auskotzen gegenüber sich einhüllen, bewahren, undurchdringlich werden, sich zusammenziehen, schützen, engen, sammeln, verschließen, zurückhalten, konzentrieren, sich als Individuum selbst bewahren.

Sind wir offenes Buch oder Geheimnis, veräußern wir uns und das, was uns wichtig ist, oder bergen und schützen wir es? Im sich öffnenden, vertrauenden Anpassen und Fließen sind wir auch schutzlos, laufen Gefahr, die Grenzen nicht zu achten, sie zu verlieren, aufzulösen, ja selbstlos zu werden im doppelten Sinn oder uns fremd zu werden, die innere Wohnung nicht mehr zu finden. Plötzlich eines Morgens stehen wir auf und spüren, dass uns heute eine Hülle fehlt, der Schutz, der Mantel, oder die Persona. Wir sind durchlässig, offen und hoffen, dass niemand zu nah an unsere Verletzlichkeit rückt. Die Seele ist dann wie aus dem Schlaftraum heraus an unserem Ich vorbei offen geblieben und ist für alles, was hereinkommt empfindsam. Vielleicht haben wir nachts davon geträumt, wir seien im Schlafanzug auf der Straße unterwegs oder ohne unser Zutun öffne sich ein Fenster.

Wir bewerten solche Zustände oft als Unpässlichkeit, sagen, wir seien mit dem falschen Fuß aufgestanden. Es sind aber auch Tage der besonderen Öffnung und Sensibilität, Tage der Dichter, des lyrischen Spürens der Bewegungen unserer Seele, Tage, die sich für die Schau nach innen eignen, die Kontemplation.

Ohne diese Tage wäre Dichtung und Kunst überhaupt nicht möglich und unsere Welt ganz dem Prinzip der Funktion unterworfen. Rilke ist vielleicht in besonderem Maße der selbst verletzliche Dichter der Seelenbewegungen. Ein solcher Tag zeigt auch, dass die Seele lebt, dass wir vitale Menschen sind, mal voller Kraft nach Außen, mal voller Empfindsamkeit nach Innen.

Sich zusammenziehen, sich verströmen, sich Innen oder Außen aufhalten, sind andere Aspekte dieser Dimension. Wenn ich friere, halte ich mich ganz fest zusammen, als müsse ich die Fläche der Haut verkleinern, um der Kälte weniger Angriffspunkte zu geben. Ich kann auch seelisch frieren – dann muss ich in mir einen Seelenofen suchen, hinter den ich mich setzen kann, um mich zu wärmen. Auch geistige Konzentration ist ein sich Zusammenziehen auf den Brennpunkt. Es kann in diesen Zuständen nichts nach außen, ich habe nichts zu geben, sondern muss alle Energie einziehen, bin wie die Weinbergschnecke, die sich ins Haus zurückgezogen hat.

Im anderen Pol befinde ich mich im Gefühl des Verströmens. Dann bin ich voll der Wärme und des Überflusses und fließe im wahrsten Sinn des Wortes in die Umgebung hinein, breite mich genussvoll aus, gebe im Überfluss.

Auch ob ich in etwas enthalten bin oder es von außen betrachte, sind zwei grundlegend

verschiedene Zustände. Vor der Geburt, im Zustand der Schwangerschaft, sind wir wie in einer lebendigen Wohnung geborgen. Die schwangere Frau erlebt dies von der anderen Seite als die Bergende, Schützende. In beiden Zuständen können wir uns auch im Alltag erleben. Mal sehnen wir uns nach Schutz, wollen zurück in eine bergende warme Höhle, nicht müssen, nicht denken, nicht sollen, einfach nur geborgen sein. Dann lassen wir auch das Bewusstsein los. Im regressiven Zustand ist es der Wunsch, den Blick und die Sicht auf die Dinge ganz anderen zu überlassen und uns nur hineinzubegeben in einen symbiotischen Raum des Unbewussten.

Ein anderes Mal können und wollen wir selber Schutz sein, fühlen uns stark in dieser Position, voller Selbst-Bewusstsein der Kraft und mit klarem Blick ausgestattet. Wir sind dann die Erkennenden, die Hellwachen, die Wahrnehmenden, Unterscheidenden. Wir sind in diesem Zustand gerichtet mit fokussierendem Ich.

Der Rückzug als Gegenbewegung zum Verströmen, die Sammlung, festigt das Ich wieder, zeigt Grenzen, bleibt verharrend stehen, gibt nach Außen wenig oder nichts, kommt zu sich, geht in sich, bleibt bei sich.

So sind die beiden Bewegungen des Hergebens und Bewahrens zwei sich polar ergänzende Voraussetzungen des seelischen Ausgleichs. Beide Pole werden spürbar im Gedicht „Mondnacht" von Eichendorff:

*Es war, als hätt' der Himmel*
*Die Erde still geküsst,*
*Dass sie im Blütenschimmer*
*Von ihm nun träumen müsst'.*
  *Die Luft ging durch die Felder,*
*Die Ähren wogten sacht,*
*Es rauschten leis' die Wälder,*
*So sternklar war die Nacht.*
  *Und meine Seele spannte*
*Weit ihre Flügel aus,*
*Flog durch die stillen Lande,*
*Als flöge sie nach Haus.*

**Oben und Unten, Aufsteigen und Absinken**

Verwandt mit: fliegen auffliegen, aufstehen, schweben gegenüber hängen, fallen, liegen, sich in die Erde graben etc.

Das Steigen mit aufrechtem Gang ist uns vertraut. Wo geht es hin, da oben? Zunächst bietet sich von dort ein guter und weiter Überblick über die Erde. Ich stehe darüber, bin erhaben und enthoben. Die Erdendinge erscheinen von oben als klein und unwichtig. Ich bin aus eigener Kraft dem Haftenden entrückt und nah dem Raum des Göttlichen. Für die Bewohner der Himalaya-Region sind die hohen Berge der Wohnort der Götter.

Oben bewegen wir uns auch im geistigen Raum, in der Region des Logos. Peak-Experience hat Maslow seine Vorstellung vom Erlebnis des geistigen Ergriffenseins genannt und damit das Erreichen des Gipfels als Bild verwendet. Von dort oben geht es nur noch abwärts.

Weiter oben noch spielt sich das Fliegen ab, in dem ich den Kontakt zum Boden ganz verliere und mich dem Raum, der unbegrenzten Weite und dem Schwebezustand anvertraue. Es ist dies auch symbolisch der Raum der Freiheit von aller Begrenzung.

*Über den Wolken wird die Freiheit wohl grenzenlos sein ...,* singt Reinhard Mey.

Sinken und Fallen sind als Gegenbewegungen zum zielvollen, aber auch mühsamen Aufwärts ebenso elementare Bewegungsrichtungen der Seele. Hier geht es auf den Grund zu, auf die Erde oder in sie hinein. Da uns der Grund in den Höhen, in denen wir uns bewegen, oft verloren geht, ist mit dieser Bewegung nach unten oft die Angst verbunden, es könnte endlos werden, nirgends aufhören. Daher kommen wohl die Warnungen vor allem, was nach unten geht, hängen, sinken will. „Lass dich nicht hängen, Kopf hoch!"

Für uns Erdenbewohner ist das Untere, der Boden, das Feste und Sichere, die Materie, die mater und Mutter Erde. Täglich erleben wir von neuem, dass wir darauf stehen und uns darauf bewegen, dass der Boden unsere Basis ist, auf dessen Grund alles geschieht, obwohl dieser Boden ja nur scheinbar sicher ist, darunter brodelt es.

Es gibt eine neue Attraktion des Fallens, die höchsten Thrill verspricht. Man befindet sich in luftigen Höhen in einer Gondel und plötzlich bricht der Boden weg, man fällt ohne Seil und Halt ins Freie und wird schließlich in einem darunter hängenden Netz aufgefangen. Gibt es ein eindrücklicheres symbolisches Bild für die Grundangst des Menschen, dass der Boden, die Mutter nicht hält, und für die Grundsehnsucht, in höchster Gefahr des Fallens ins Endlose doch noch aufgefangen zu sein wie in Abrahams Schoß?

In vielen Träumen taucht der freie Fall ins Leere als existenzbedrohendes Bild auf. Im Fallen steckt aber nicht nur die Angst, sondern auch Schwerelosigkeit, oder wie wir beim Fliegen schon angedeutet haben, das Schweben im freien Raum, das Aufgehen im All, auch die Nähe des Todes. Seelisch geht es beim Fallen in die Regression, die ein Besuch in den unbewussten Räumen ist, unser Ich nach unten öffnet, sowohl zu den noch verborgenen Kräften als auch den Dämonen hin.

Ein Teilnehmer einer Therapiegruppe sagte während einer Fantasie des Sinkens einmal „da ist der Tod so nah", fing an zu weinen und stellte dabei zu seinem Erstaunen fest, dass er gerade dieses angenehm und nicht bedrohlich fand, dass der Tod nah sein darf. Es war für ihn ein wohltuender Kontrast zum Lebens-

kampf, in dem er sich gefangen sah. Er war auch überrascht, dass es gar nicht um den konkreten Tod zu gehen schien, sondern einfach darum, dass die Nähe des Todes nicht verscheucht werden musste, er in seiner Nähe plötzlich ganz zur Ruhe kommen konnte, nichts mehr musste, sollte oder wollte.

Das Bild verwandelte sich in der Imagination schließlich: Er sah sich in seinen Kleidern an verschiedenen Stellen mit Wäscheklammern an einem Wäscheseil aufgehängt und konnte sich voll hineinhängen lassen in die Schwebe. Er spürte wie ein leichter Wind ihn schließlich zu schaukeln anfing und er alle Muskeln, alle Anstrengung, alles Handeln fahren lassen konnte. Alles hing, die Arme, die Beine, der Bauch, der Kopf, die Backen. Nichts wollte sich mehr aufrichten. Er fragte sich, was daran ihm bisher so bedrohlich erschienen war.

Eine Frau kam in der Imagination zum Bild einer dunklen schwarzen Röhre, in die sie hin¬absank, zunächst voller Angst, dann immer langsamer bis sie unten – sicher, aber doch für sie unvermutet – auf Grund kam, auf blanker Erde lag und dort wieder Halt fand. Sie

konnte sich mit Hilfe dieses Bildes durch ihre eigene Trauer hindurch bis auf ihren fruchtbaren Seelenboden sinken lassen.

Hier geht es in den Mutterboden hinein, eine Richtung, die zum Zentrum und zum Ursprung zu führen scheint. In der Literatur gibt es eindrucksvolle Beispiele von der Entdeckungsreise in die Erde hinein und zu den Dingen, die uns dort begegnen können, z.B. bei Alice im Wunderland oder Jules Vernes Reise zum Mittelpunkt der Erde. Oder bei C. G. Jung (Erinnerungen, S. 182):

*Um die Phantasien, die mich unterirdisch bewegten, zu fassen, mußte ich mich sozusagen in sie hinunterfallen lassen. Dagegen empfand ich nicht nur Widerstände, sondern ich fühlte auch ausgesprochene Angst. Ich fürchtete, meine Selbstkontrolle zu verlieren und eine Beute des Unbewußten zu werden, und was das heißt, war mir als Psychiater nur allzuklar. [...] Es war in der Adventszeit des Jahres 1913, als ich mich zum entscheidenden Schritt entschloß (12. Dez.). Ich saß an meinem Schreibtisch und überdachte noch einmal meine Befürchtungen, dann ließ ich mich fallen. Da war es mir, als ob der Boden im wörtlichen Sinne unter mir nachgäbe, und als ob ich in eine dunkle Tiefe sauste. Ich konnte mich eines Gefühls von Panik nicht erwehren. Aber plötzlich und nicht allzutief kam ich in einer weichen, stickigen Masse auf die Füße zu stehen - zu meiner großen Erleichterung. Jedoch befand ich mich in einer fast völligen Finsternis. Nach einiger Zeit gewöhnten sich meine Augen an die Dunkelheit, die nun einer tiefen Dämmerung glich. Vor mir lag der Eingang zu einer dunkeln Höhle ...*

## Vorwärts – rückwärts, Progression – Regression

Verwandt mit: Extraversion, zielorientiert sein, aktiv, neugierig, erkundend, aggressiv, betriebsam gegenüber Introversion, passiv, zurückgezogen, abwehrend, desinteressiert, depressiv, still etc. Wir erleben dies ähnlich dem Vorigen, aber mit einer anderen Note.

Der Weg nach vorn ist der Weg des Helden, des Entdeckers, des Eroberers. Vorankommen ist gleichbedeutend mit Erfolg haben. Der Blick zurück ist dabei nicht förderlich. Nach vorn geht es auf das zu, was geschehen wird, also auf die Zukunft, sie wird sozusagen Schritt für Schritt erarbeitet. Jeder Schritt tritt auf ein Stück neues Land, ist ein Schritt ins Unbekannte hinein. Das neue Land ist geradezu das Symbol dieser Bewegungsrichtung.

Damit sind wir auch bei dem Elementarerlebnis der Geburt. Es gibt ausgesprochen vorwärts gewandte Menschen, die den Schritt nach vorn dem Schritt nach hinten vorziehen, Menschen der Tat. Hier geht es immer voran. Sie sind verliebt in die Zukunft. Man braucht diese Haltung, um Neues zu wagen. Dies gilt für mittelalterliche Entdecker ebenso wie für moderne Geschäftsleute. Sie sind diejenigen, die die Welt bewegen, Entwicklungen forcieren, Neues gebären, sind Träger des Fortschritts im direkten Sinn und im übertragenen, damit natürlich auch der ganzen Ambivalenz, die dieser Fortschritt enthält.

Der voranschreitende Mensch findet die Reflektion darüber aber oft störend, das Nachdenken über den Sinn würde ihn unnötig bremsen. Es ist allerdings ein häufiges Phänomen, dass sehr tatkräftige, das Leben anpackende Menschen durch Umstände, die sie mit keiner Macht ändern können, plötzlich in eine Ruhe gezwungen werden, die Ihnen ganz fremd ist und sie mit bislang unbekannten Seiten ihres Wesens konfrontieren.

Oft schlummert die Frage nach dem Sinn des eigenen Daseins nur. Bei vielen „Eroberern" des Lebens stellt sie sich dann plötzlich und unvermutet in der Lebensmitte. Erst unbemerkt entsteht dann eine Bilanzsituation, die diese Frage angesichts der knapper werdenden Lebenszeit in den Vordergrund schiebt. Zeit kommt überhaupt mehr in den seelischen Horizont, während sie vorher unbegrenzt und nach vorne offen erscheint. Dies ist dann ein aus dem eigenen Unbewussten kommendes Aufbruchssignal nach innen.

Existenzfragen gehören thematisch zur Bilanz und damit zur Frage nach dem Sinn, die sich vor allem in der zweiten Lebenshälfte stellt. Jung bezeichnet die zweite Lebenshälfte als die Phase, in der Individuationsprozesse mit deutlicher Kraft ins Zentrum rücken. Es ist ja unmittelbar einleuchtend, dass sich in der zweiten Lebenshälfte das Gefühl der Expansion, der ständigen Erweiterung der eigenen Handlungsräume, des Experiments und des Unterwegsseins langsam legt zugunsten einer mehr introvertierten Sammlung, Bündelung der Kräfte, Interessen.

Es entwickelt sich nun mehr das Bedürfnis zu bleiben, zu sortieren, was wichtig bleibt, was unwichtig wird. Ein solcher Prozess ist eindrücklich beschrieben in Ernst Wiecherts *Das einfache Leben* – ein Buch, das sicherlich bei vielen aktiven Menschen die tiefe Sehnsucht nach Innehalten und Kontemplation angesprochen hat.

Auch das Zurückgehen führt die meisten Menschen in neues Land. Nach hinten geht es also wieder nach innen und oft auch in die Vergangenheit. Es ist keine einfache Vergangenheit, die wir nur wieder erinnern müssen, um sie zu erleben, sondern wir müssen sie zu großen Teilen ebenfalls neu erkunden. Wir brauchen dazu ebenso viel Mut wie für die Erkundung eines fernen Landes. Dabei ist es ein Unterschied, ob wir tatsächlich rückwärts gehen, ins nicht Sichtbare oder ob wir uns bewusst umwenden. Oft neigen wir auch dazu, dem Zurückgehen auszuweichen, indem wir nach vorne fliehen.

Manche Menschen ziehen jedoch den Rückzug generell vor. Es sind oft die sensiblen, stillen, nachdenklichen Menschen, die ihre Zeit brauchen, die auf sie innen und außen einströmenden Impulse zu verarbeiten. Sie können in sich gekehrt einfach nur dasitzen, wirken vielleicht verträumt und nicht ganz anwesend und geben den halb-, vor- und unbewussten Gedanken und Fantasien Raum. Diese Haltung scheint nicht so recht in die heutige Zeit zu passen.

Eine Frau erzählte, dass sie manchmal versinke in ihrer Innenwelt. Sie könne sich dann

nur schwer aufraffen, etwas zu tun. Am liebsten krieche sie ins Bett, verdunkle das Zimmer, schalte das Telefon stumm und stelle sich vor, sie sei in einer Höhle. Sie bezeichnete dies als ihren Winterschlaf, den sie einfach brauche. Sie wolle dann auch niemandem etwas davon erklären oder sich rechtfertigen müssen. Oft erlebe sie, dass andere eher panisch reagieren, unbedingt einen Besuch machen wollen, sie aufmuntern, ihr raten, eine Therapie zu machen, um dies los zu werden. Sie aber fühle sich darin wohl. Sie sei dann zwar etwas melancholisch, manchmal traurig, fühle sich darin aber zuhause.

Früher habe ihr das Angst eingejagt, sie habe nicht gewusst, ob sie wieder aus ihrer Höhle herauskomme. Heute sei es wie ein nach Hause kommen. Manchmal habe sie die Vorstellung, dass es weit innen eine Kammer gebe, die niemand ohne ihre Erlaubnis betreten dürfe, und sie sei froh, diese Kammer zu haben und sich in sie zurückziehen zu können. Meist nach drei Tagen, eigentlich wie beim Ostergeschehen, wolle sie dann aufstehen, aktiv werden, das Licht hereinlassen, die Fenster wieder öffnen und lüften. Sie gehe nach dieser Zeit mit einer größeren inneren Ruhe auf die Welt zu.

Wir nähern uns hier dem Prinzip des Nichthandelns, wie es im Taoismus erscheint. Diese Haltung ist der Gegenpol zur aktiven Welt, die sich immerfort beschleunigt. Anders betrachtet, sind wir hier im Gegensatz zur Geburt beim Geschehen der Zeugung angelangt, beim Befruchten, fruchtbar machen, einem Prozess, der einer langen Zeit der Introversion bedarf, um zu reifen.

Auch wenn wir Menschen in diesen grundlegenden Einstellungen verschieden sind, leben doch auch beide Tendenzen in uns. Es gibt bei uns allen Zeiten, die dem Vorwärts und solche, die dem Rückwärts gewidmet sind. Es geht also darum, dass wir hinhören und hinfühlen, wenn sich in uns etwas zu wenden beginnt und in die andere Richtung will.

**Kreisen um die Mitte – Zentroversion**

Dieser schöpferische Rhythmus als anderes Bild der Progression und Regression ist eng verwandt mit dem Symbol des Kreisens und der Spirale. Nach links geht es zum Ursprung, zur Geburt, zum unbewussten Sein, in die Introversion und auch in ein spirituelles Erfahren. Linksdrehung ist auch eine Bewegung hin zur Zentroversion. Nach rechts geht es hingegen zu einem Ziel hin, in die Progression, die

Entfaltung, die Zukunft und ins helle Bewusstseinsfeld. Beide Bewegungsrichtungen sind als ins Unendliche führend vorstellbar. Kreisend können wir auch erfahren, dass die zentrifugalen und zentripedalen Kräfte wirken und nahezu gleichzeitig spürbar werden, ein Erlebnis, das vermutlich die Sufis bei ihren Kreistänzen haben.

In der Zentroversion finden wir auch einen nicht endenden Reichtum der inneren Bilder wie wir ihn ja in Imaginationen eindrucksvoll erleben können, begegnen dem inneren Schatz, im unendlichen Potenzial des Unbewussten. In beiden Richtungen begegnen wir irgendwann einer Schwelle des Übergangs, die wir überschreiten müssen und die wir ähnlich einem Sterben und Wiedergeboren-Werden empfinden können.

Alles fließt, panta rhei so wird Heraklits Lehre von seinen Nachfolgern auf den kürzesten Nenner gebracht. Das bedeutet, dass sich alles in ständiger Bewegung und Veränderung befindet, immerfort wird und wieder vergeht.

Sich verströmen, ausdehnen, die Seele zur Welt und ihren Wesen hin öffnen, durchlässig werden für alles, was von innen nach Außen und von außen hinein will, das ist die idealtypische Haltung des Einsseins mit der Welt und zugleich im therapeutischen Prozess die maximale Offenheit für die Signale von außen und die von innen aufsteigenden Bilder und Empfindungen. Symbolisch konkretisiert sich diese Bewegung im Wasser, das sich anpassend an die Gegebenheiten, fließt und fließt und sich von der Quelle bis zur Mündung in die Welt ergießt.

*Der Seele leises Rauschen*
*Wie ein Bach fließt's über Steine,*
*Sucht singend seinen Weg.*
*Und hat ein Streben,*
*Das keiner kennt,*
*Der nie gefallen ist*
*Ins warme Bett des Glücks.*

*Und doch verborgen ist in allem*
*Solcher Traum*
*Wie dieser Bach zu sein,*
*der voller Ankunft ist,*
*doch niemals voller Ziel.*

Hans Holm
Vom Licht und vom Dunkel.
opus-magnum 2013, S. 157

**Dieter Knoll**
Dr. rer. soc., Analytischer Psychotherapeut in freier Praxis.

# Ironman –

## Ein heroischer Weg der Suche nach sich selbst

*Whoever finishes, we'll call him an Ironman*

Brigitte Thüringer-Dülsen und Marc Dülsen

Ironman Hawaii - Startphase in der Disziplin Schwimmen aus der Vogelperspektive
(Privatarchiv von Marc Dülsen)

Die wörtliche Übersetzung von *Ironman* lautet *eiserner Mensch*. Die Bezeichnung steht sowohl für denjenigen, der den Ironman Wettkampf beendet, als auch für den härtesten Triathlon der Welt selbst. Der erste Wettbewerb über die Langdistanz im Triathlon fand 1978 auf Hawaii statt. Das bedeutet bis heute zuerst über eine Distanz von 3,8 km schwimmen, dann 180 km Rad fahren und anschließend einen Marathonlauf über 42,195 km.

Wer das Glück hatte, einen Ironman live mitzuerleben und dann auch noch die Ironman-Weltmeisterschaft auf Hawaii, wird von vielen Emotionen und Gedanken überflutet. An erster Stelle steht das Gefühl der Bewunderung und der Ehrfurcht: diese große Menge an Athleten – Profis und Amateure –, die ihr gesamtes Leben oder einen Großteil davon danach ausrichten. Eine weitere Emotion ist sicherlich die Freude. Jeder Athlet wird von einem kleinen Fanclub begleitet, die Stimmung ist euphorisch, sie reißt jeden mit und man denkt plötzlich selbst, alles schaffen zu können. Eine große Rolle spielen andererseits auch Angst und Hoffnung. Innerhalb von acht bis achtzehn Stunden kann so viel passieren. Wird der Athlet gesund ins Ziel kommen? Kann er die sich gesteckten Ziele erreichen? Was ist, wenn er selbst- oder fremdverschuldet zu Schaden kommt?

Als Zuschauer empfindet man ebenso Mitgefühl für die vielen Täler, die ein Athlet an diesem Tag durchwandert. Man sieht Sportler, die von Krämpfen geplagt werden und dennoch weitergehen bis in die tiefe Nacht hinein. Man erlebt *die Eisenmänner*, wie sie wie Kinder weinen, aus Verzweiflung oder Wut, oder weil sie überwältigt sind vom eigenen Dasein in diesen Momenten. Man sieht, wie Träume zerplatzen und wie Träume sich erfüllen. Man ist dabei, wenn Heiratsanträge an der Ziellinie angenommen werden und durchtrainierte Menschen kollabieren.

Am Schluss überwältigen einen vor allem Demut und Dankbarkeit: wenn kein Athlet ernsthaft verletzt wurde, wenn die meisten ins Ziel kommen und sich das ganze Leid und die vielen Stunden Training gelohnt haben. Nach dem Zieleinlauf, bei dem jeder mit *You are an Ironman* begrüßt wird, lässt bei allen die große Anspannung nach, das Adrenalin fährt herunter, die Tränen fließen. Die Erschöpfung überfällt jeden, auch die Zuschauer.

Und die Frage, die sich immer wieder stellt, ist: Wie ist es möglich, diese anstrengende körperliche Leistung zu schaffen? Die feuchte Hitze und Anspannung ist bereits beim Zuschauen fast unerträglich. Wie soll man so acht bis achtzehn Stunden an seine Grenzen und darüber hinaus gehen? Was bewegt und motiviert die Triathleten, sich dieser kaum vorstellbaren, körperlichen Strapaze auszusetzen?

Ich kenne einen Ironman-Profi, der dieses Jahr nun bereits zum dritten Mal auf Hawaii an den Start gehen wird. Ich kenne ihn nicht nur, ich kenne ihn sehr gut, denn er ist mein Sohn Marc.

*Mein Name ist Marc Dülsen. Ich bin soeben 33 Jahre alt geworden, und mein Beruf ist der Triathlon. Genauer gesagt bin ich Profiathlet auf der Langdistanz, die in der Bevölkerung als „Ironman" bezeichnet wird. Ich habe mich nach Abschluss meines Ingenieurstudiums und, nachdem ich als Amateur eigentlich alles erreicht hatte, was man so erreichen kann, für die Profilizenz entschieden.*

*Das war keine leichte Entscheidung. Auf der Contra-Waagschale lagen viele schwerwiegende Argumente. Von der Finanzierung über den immensen Zeitaufwand bis zum hohen Risiko, in der Profiwelt gnadenlos unterzugehen. Aber trotzdem habe ich nie wirklich gezweifelt. Man lebt nur einmal. Ich musste es tun. Das Gefühl der völligen Erschöpfung, des nachlassenden Schmerzes und das unendliche Glücksgefühl, das sich in einem breitmacht, wenn man ein gutes Training oder, noch besser, einen erfolgreichen Wettkampf hatte: Dieser Sport gibt mir unglaublich viel. Er zeigt mir meine Grenzen, spornt mich an, diese neu zu definieren und letztendlich zu verschieben. Ich wachse mit meinen Aufgaben, schrumpfe aber auch von Zeit zu Zeit, um dann stärker und vor allem erfahrener zurückzukommen. Ich schöpfe Mut, bin euphorisch, falle im nächsten Moment in ein tiefes Loch und frage mich, warum ich mir andauernd wehtun muss.*

*Ironman ist physische und psychische Achterbahnfahrt für Fortgeschrittene. Es sind körperliche Schmerzen, die sowohl im Training als auch im Wettkampf zwangsläufig kommen. Ohne diese Schmerzen wirst du nicht besser. Kein Athlet bleibt in seiner Komfortzone. Spätestens beim abschließenden Marathon muss man von Qualen sprechen. Diese sind gespickt von purem Wahnsinn, eigentlich Manie. In diesen Momenten muss man sich beherrschen, nicht deutlich schneller zu laufen als geplant. Schon wenige Kilometer später kann es auf dem heißen Asphalt zur absoluten Depression kommen. Die Hitze, die unendliche Weite des Highways, die vielleicht aussichtslos scheinende Position. Und immer wieder keimt diese Frage auf: Warum tust du dir das an?*

*Ja, gewissermaßen ist ein Ironman-Wettkampf eine kleine, aber komplexe bipolare Störung. Glücklicherweise überwiegen in meiner Karri-*

ere aber die positiven Erfahrungen. Ich konnte mich dieses Jahr bereits zum zweiten Mal als einer von 55 Ironman-Profiathleten für die Weltmeisterschaft auf Hawaii qualifizieren.

Das heißt aber nicht, dass mein Weg immer geradeaus verläuft. „Normale" Menschen gehen auch mit Schnupfen/Husten zur Arbeit, nehmen eine Schmerztablette und es läuft. Wenn ich eine Woche erkältet bin, wirft mich das um drei Wochen zurück und hebelt meine ursprüngliche Wettkampfplanung völlig aus.

So musste ich in dieser Saison mehrmals alles über den Haufen werfen und umplanen. Man kann sich vorstellen, dass das vor allem für die Familie nicht leicht ist. Daher ist mein Beruf, der gleichzeitig meine Leidenschaft ist, nicht wirklich sozial. Er ist sogar ziemlich egoistisch. Ich trainiere hauptsächlich für mich selbst und für meinen Erfolg. Ich treffe auf Leute, die ähnlich ticken, mit jenen trainiere ich zum Beispiel in einer festen Schwimmgruppe oder für eine längere Radausfahrt. Aber letztlich mache ich mein Ding.

Gerade unmittelbar vor den Wettkämpfen spule ich das ab, was mein Trainer und gleichzeitig enger Vertrauter, mir „verordnet". Da ist es egal, wenn andere länger oder langsamer Rad fahren müssen. Ich passe mich nicht an und ich nehme keine Rücksicht. Diese Art zu leben führt manchmal zu Konflikten, wird aber nie wirklich infrage gestellt, weil es einfach so sein muss. Nur so ist die Sache professionell. Nur so ist das alles möglich. Das Einzelkämpfer-Sein geht nur auf Basis eines funktionierenden Teams.

Dass meine Frau und meine ganze Familie und Freunde zwar kritisch, aber dennoch bedingungslos hinter mir stehen, ist die Grundvoraussetzung für das alles. Sie fangen mich auf in den tiefsten Tiefen, helfen mir mit Misserfolgen, Verletzungen, nicht stimmenden Watt- und zu hohen Pulswerten umzugehen. Und sie feiern mit mir, sind stolz und warten auf mich vor den Bildschirmen und im Ziel. Das ist sicherlich ein entscheidender Teil, wie ich es schaffe, mich zu motivieren. Der andere ist: Ich will mich steigern. Ich weiß, dass da Potenzial ist. Ich würde gerne alles rauskitzeln, was geht.

Ich weiß: „It's all in your head" - Schmerzen, Glücksgefühle, Motivation. Das alles ist reine Kopfsache. Den Kopf gilt es sehr oft einfach abzuschalten. Ich freue mich riesig auf die kommenden Wochen und die Startlinie in Hawaii. Das heißt aber nicht, dass ich mich nicht auch auf die Saisonpause danach freue: Viel Essen, alternative Sportarten und Zeit für die Menschen, die sonst immer zu kurz kommen.

Wenn ich die Entwicklung meines Sohnes reflektiere, sehe und spüre ich, dass Sport der rote Faden in seinem Leben ist, der sich von Anfang bis heute durchzieht, der ihn zu dem werden ließ, der er jetzt ist: Schon als Kleinkind war Marc immer in Bewegung. Heute, so denke ich, hätte man bei ihm bei einer psychiatrisch-psychotherapeutischen Untersuchung ADHS diagnostiziert und ihm Ritalin angeraten, damit er endlich zur Ruhe kommt.

Vermutlich habe ich als Mutter schon vor der Begegnung mit jungianischen Gedanken gespürt, dass seine Seele ihren eigenen, individuellen Weg der Ganzwerdung finden wird. Im Nachhinein betrachtet, spürte ich schon damals, dass Bewegung das ist, was ihn glücklich macht, was ihn stärkt, wodurch er entspannen und vor allem auch Stress abbauen kann.

Bewegung und Marc sind eins – immer schon gewesen. So war es für mich völlig nachvollziehbar, dass sich sein Leben danach ausrichten würde, dass er immer in Sportvereinen aktiv war, die richtige Art der Bewegung suchte, um dort Ausgleich, Erfolg und Anerkennung zu finden. Nach Kanuslalom und Leichtathletik kam er schließlich „zufällig" zum Triathlon und das war dann offensichtlich das Richtige für ihn.

Es scheint, als verschmelzen bei Marc innere und äußere Bewegung zu einem Ganzen. Durch die körperliche Bewegung findet er zu sich selbst. Seinen Entwicklungsschritten gingen meist sportliche Erfolge oder Niederlagen voraus, an denen er wuchs und immer wieder ein Stück mehr zu sich fand.

Von der Persönlichkeit her ist Marc immer schon introvertiert gewesen, seine Libido ist nach innen gerichtet. Dort sucht und findet er

Ruhe. So ist es nicht verwunderlich, dass er einen Sport wählte, der von Einzelkämpfern geprägt ist, bei dem, so scheint mir, zwar in Rivalität mit anderen und doch im Vordergrund mit sich selbst gekämpft wird. Um das eigene Ziel zu erreichen, – einen Ironman so gut wie möglich zu absolvieren – bedarf es vieler Stunden Training: genauer gesagt ca. 30-35 Stunden pro Woche. Die Triathleten sind meist alleine in und mit der Natur. Sie schwimmen, fahren Rad und laufen.

Dabei ist viel Zeit, um die Gedanken fließen zu lassen, über sich und die Anderen, über die Welt und auch das große Ganze nachzudenken - eine Art Sinnsuche. Bewegung ist dabei im wahrsten Sinne des Wortes der Weg zur Individuation. Bei einem Triathleten – so auch bei Marc – ist meist die Empfindungsfunktion extravertiert im Sinne von:

*Wenn er empfindet, so ist für ihn alles Wesentliche gesagt und erfüllt.*

C. G. Jung, 1971, § 396

Und die tiefste Empfindung, so scheint es, ist beim eigenen Körper, bei dem er immer fühlend reagiert: Schmerzt es beim Laufen, muss ich das Tempo rausnehmen. Geht heute beim Training nur ein Teil meines Programms, weil ich mich müde oder krank fühle? Immer im Einklang mit dem Körper zu sein, definiert das Leben eines Profisportlers, da schließlich der Körper seinen Beruf und „sein Kapital" darstellt.

Auch der Natur wenden die Athleten sich fühlend zu: Ist das Wasser zu kalt heute, der Wind zu intensiv auf der Radstrecke, die Sonne zu heiß beim Marathon? Daraus werden Schlüsse gezogen: Neoprenanzug gegen die Kälte anziehen, die Wahl der Laufräder anpassen oder noch mehr trinken und sich kühlen. Das beinhaltet auch immer im Hier und Jetzt und in seiner Achtsamkeit ganz bei sich zu sein. Deshalb wird die Zeit beim langen Laufen oder Radfahren gerne verglichen mit meditativen Phasen.

Freud und Leid begleiten Triathleten sowohl im Alltag, als auch beim Wettkampf. Daraus ergibt sich die Frage, wie Emotionen bei Sport-

lern entstehen und reguliert werden. Sport und Emotionen stehen in einer gegenseitigen Interaktion. Emotionen werden auf der einen Seite durch den Sport ausgelöst und bieten eine Gelegenheit, sich mit eigenen Emotionen und den Emotionen anderer auseinanderzusetzen. Auf der anderen Seite werden die Handlungen im Sport durch Emotionen beeinflusst.

So wird zum Beispiel Freude häufig bei wiederkehrenden, rhythmischen Bewegungen erlebt. Viele Läufer und Radfahrer berichten nach einer gewissen Belastungszeit von einem *Flow-Moment*, oft auch als *Runner's High* bezeichnet. Er wird beschrieben als ein rauschähnlicher Zustand, in dem alles fließt und man quasi wie von alleine läuft.

Athleten berichten auch, dass Probleme jeglicher Art nach einer längeren sportlichen Betätigung plötzlich nicht mehr ganz so negativ wahrgenommen werden wie zuvor, obwohl sich objektiv an der Situation nichts geändert hat.

Andere Erfahrungen sind, dass nach längerer Belastung neue Ideen und Inspirationen aus dem Unbewussten auftauchen. Die gleichbleibenden, rhythmischen Bewegungen haben anscheinend einen positiven Effekt auf die Psyche. Auch in Therapien macht man sich dieses Phänomen zunutze: nach einem Trauma mit der EMDR-Therapie oder beim Sport bzw. der Bewegung mit depressiven Patienten.

In der Fachwelt wird häufig diskutiert, dass beim *Runner's High* ein morphinähnliches Glückshormon für das Läuferhoch verantwortlich ist: Endorphin. Dieses schüttet der Körper in dem Moment vermehrt aus, in dem der Sportler seine Leistungsgrenze und damit auch seine Schmerzgrenze erreicht hat. Diese Reaktion auf die extreme körperliche Belastung dient dem Organismus als Selbstschutz.

Ebenso zeigt sich bei Extremsportlern eine höhere Konzentration von Botenstoffen (Serotonin, Dopamin, Adrenalin und Noradrenalin). Serotonin wird oft als Glückshormon, sowie als depressionsmindernd bewertet. Auf diesem Hintergrund ist sicher auch zu verstehen, dass viele Sportler ihre

Marc Dülsen, Sieger beim Ironman Wales 2016
(Privatarchiv Marc Dülsen)

Freude an intensiver körperlicher Aktivität als Rausch mit großem Suchtpotenzial bezeichnen.

Freude zeigt sich natürlich auch insbesondere beim Erreichen der persönlichen, sportlichen Ziele – angefangen beim Training, das diesmal leicht läuft, bei dem man sich verbessert hat, über eine bessere Gesamtzeit bei einem Triathlon, bis hin zum allerhöchsten Glück, als Erster das Zielband in die Höhe reißen zu können. Auf dem Siegerpodium zu stehen und von den Zuschauern gefeiert und bewundert zu werden – das ist die Krönung.

Ich kann nur erahnen, was in einem solchen Moment in einem Sportler vorgeht. Ich sehe nur das pure Glück in den Augen, wie 2016, als Marc den Ironman in Wales gewann. Da dachte ich mir, das muss für ihn eine archetypische Erfahrung sein mit einer numinosen Ergriffenheit.

Bevor wir das Leid eines Ironman betrachten, möchte ich auf die damit verbundenen Grenzerfahrungen eingehen. Alle Grenzerfahrungen, seien es Schmerz, Krankheit, Trennung u. a. verweisen nach Viktor Frankl auf die tiefste Grenzerfahrung schlechthin: auf den Tod. Doch ohne einen einschneidenden Schmerz, eine Beeinträchtigung, eine Ungerechtigkeit hätten wir keinen Anlass zur Reflexion über die Bedingtheiten unseres Daseins.

Erst das Leid, so Frankl, führe zu Reflexion, Verstehen, Verantwortung – und letztlich zur Sinnstiftung.

Leidvolle Grenzerfahrungen können uns demzufolge mit der ihnen innewohnenden transzendenten Offenheit immer mehr zu uns, zum Selbst führen, wenn wir dabei offen und bereit sind. Jeder Mensch wählt individuell, seiner Persönlichkeit entsprechend, diese Erfahrungen, ob z. B. beim Bungee Jumping, Drogenkonsum, riskantem Autofahren oder eben bei Extremsportarten wie dem Ironman.

Frankl postuliert auch, dass wir uns außerhalb eines – im Besonderen körperlichen – Leidens nicht erkennen können. Und Leiden erfahren Triathleten häufig, sowohl im physischen als auch im psychischen Bereich. Sehr oft ist es eine Vermischung aus Soma und Psyche.

Meine emotionalste Erinnerung in der Laufbahn meines Sohnes Marc war ein Ironman-Wettkampf, der 2012 in Miami stattfand. Marc hatte sich intensiv auf diesen 3. November vorbereitet und jeden Tag über viele Stunden, Wochen und Monate trainiert, mit dem einen Ziel, dort sein Können abzurufen und einen der vorderen Plätze zu belegen. Es war dort unfassbar heiß, wir Begleiter suchten den Schatten und die Athleten liefen unermüdlich an uns vorbei. Wir waren schon euphorisch, da Marc sowohl das Schwimmen, als auch das Radfahren mit Bravour gemeistert hatte und bei der Hälfte des Marathons ganz vorne mitlief. Doch plötzlich sahen wir ihn auf der nächsten Runde kommen, und ich wusste sofort, dass etwas nicht in Ordnung war. Er schwankte leicht, war kreidebleich und seine Augen wirkten leer. Als er uns erreichte, sagte er leise: „Ich kann nicht mehr" und brach zusammen.

Ein Freund von ihm stabilisierte ihn am Boden, gab ihm immer wieder zu trinken und führte ihn nach gefühlten Stunden ins Hotel, da er nicht alleine gehen konnte. Als er sich gegen Abend wieder erholt hatte, war zwar der körperliche Schmerz, der ihn das erste Mal in seiner Karriere zum Aufgeben gezwungen hatte, vorbei, aber der emotionale Schmerz dafür umso größer.

Tief berührt hat mich die Verbundenheit und Kollegialität der anderen Triathleten, die alle Ähnliches bereits erlebt hatten, die davon berichteten, ihm vermittelten, dass das erste Mal immer das schlimmste Mal sei, dass er nicht aufgeben, sondern weitermachen solle, dass Frust und Enttäuschung ein wesentlicher Teil dieses Sports seien.

Der sogar humorvolle Umgang mit diesem Leid war es, der Marc unwahrscheinlich entlastete. Letztlich war und ist es noch heute Marcs ungebrochener Wille und sein Ehrgeiz, die ihn nach wenigen Tagen aufstehen ließen und anspornten, weiterzumachen. Er wuchs durch dieses Leid. Bis heute muss er sich immer und immer wieder mit Leid und Frustration auseinandersetzen – wie jeder Profitriathlet – doch inzwischen wird die Rekonvaleszenzzeit immer kürzer und der Plan B immer schneller angedacht und umgesetzt. So auch in diesem Jahr, als er nach einem Materialschaden und Virusinfektionen auf andere Wettkämpfe ausweichen musste und schließlich doch bzw. trotz aller Schwierigkeiten sein Ziel erreichte, die Qualifikation für Hawaii.

Auch diesmal werde ich, so wie alle anderen Triathlonbegeisterten, am Liveticker hängen und ein Wechselbad der Gefühle durchleben, mitfiebern, anfeuern, mitleiden und mich mitfreuen. Egal wie der Ironman ausgehen wird, weiß ich, dass dies Marcs Leidenschaft und

Weg ist. Dafür hat er sich entschieden. Dafür lebt er. Und daran wachsen er und sein Selbst. *Mitte September 2018 werde ich nach Texas fliegen, ca. 3 Wochen bei einer Gastfamilie leben und dort meinen letzten und wichtigsten Trainingsblock vor der Ironman-WM auf Hawaii am 13. Oktober absolvieren. Ziel ist, mich an das schwüle Klima anzupassen, das mich auch auf der Pazifikinsel erwartet. Bei der WM werde ich versuchen, meinen 18. Platz aus dem Jahr 2017 zu verbessern. Ich weiß, dass da draußen auf dem Highway viel Leid wartet. Aber ich freue mich drauf. Ich glaube an mich, und meine Familie und Freunde glauben an mich. Das ist das Wichtigste.*

**Literatur:**

*Jung, C. G. (1971):* Psychologische Typen. Gesammelte Werke, Bd. 6. Olten: Walter.
*Frankl, Viktor E. (1985):* Der Mensch vor der Frage nach dem Sinn. München: Piper.

**Brigitte Thüringer-Dülsen**
Analytische Kinder- und Jugendlichen-Psychotherapeutin in freier Praxis; Dozentin, Mitglied im Prüfungsausschuss im C. G. Jung-Institut Stuttgart.

**Marc Dülsen**
*30.07.1985, Bachelor of Engineering, Professioneller Triathlet auf der Mittel- und Langdistanz. – Größte Erfolge: Ironman Sieger Wales 2016, 18. Platz Ironman Weltmeisterschaft 2017. www.marc-duelsen.de

# „Nur im Tanze weiß ich der höchsten Dinge Gleichnis zu reden."

(F. Nietzsche)

## Mystische Aspekte in der Symbolik des Tanzes

Sabine Grumann

Foto: shutterstock_733628032

### Alltäglicher Tanz des Lebens

Einen großen Teil unserer alltäglichen Zeit verbringen wir in Bewegung. Wir tanzen gewissermaßen durchs Leben, sofern wir unser Bewegen und Bewegtwerden als eine Art von Tanz verstehen wollen. Jemand, der uns im Weg ist, *tanzt uns vor der Nase* herum. Wenn er oder sie uns dann auch noch lästig werden, tanzen sie uns *auf der Nase herum*. Oder es *tanzt jemand aus der Reihe*, der sich nicht in die normalen Gepflogenheiten einer Gruppe einpassen kann. Es kreisen Gedanken in unserem Kopf. Manchmal sehen wir plötzlich Sterne vor unseren Augen tanzen.

Im vertiefteren Nachspüren und Nachdenken über das Tanzen werden Assoziationen wie beispielsweise der Balztanz der Tiere, die rhythmischen Bewegungen des Kleinkindes oder die Ritualtänze der Urvölker in uns wach. Alte Kinder- und Volkslieder z. B. *Rin-*

Shiva Nataraja als König des Tanzes (Kosmischer Tanz, der das Universum in einem unendlichen Rhythmus erschafft und zerstört.)

Chola-Bronze, 12. Jhd., Rajaraja Museum, Tanjore, Indien (www.wikimedia.org)

*gel, Ringel Reihe, sind der Kinder dreie* oder das schwedische Tanzlied *Zum Tanze, da geht ein Mädel mit güldenem Band* fallen uns ein. Wir erinnern uns an große Tänzer wie Fred Astaire und Maurice Chevalier, die die Tanzgeschichte der Zwanziger und Dreißiger Jahre prägten. Die Pop-Musik von ABBA's *Dancing Queen* beginnt in uns zu klingen. Möglicherweise beschäftigen uns auch die Bewegungen des Erdballs, der Sonne, der Planeten und der Galaxien in der universalen *Harmonie der Sphären*.

## Das Phänomen des Tanzes in Kultur und Geschichte

Die Existenz des Tanzes nicht nur im Sinne des beschriebenen alltäglichen Tanzes und mit ihm einhergehenden Assoziationen, sondern ebenso als kulturell verstandenes Phänomen reicht in der Menschheitsgeschichte weit zurück. Im Laufe der Zeit haben sich immer wieder neue Tanzformen etabliert. Oder es standen einzelne Tanzformen im Vordergrund wie beispielsweise die genannten Ritualtänze der Urkulturen, die Reigentänze der Völker, der freie Ausdruckstanz, das Ballett oder der Gesellschaftstanz.

Unterschiedliche Fachbereiche interessieren sich für das Phänomen des Tanzes. Es begegnet uns in zahlreichen Lebens- und Arbeitsfeldern. Wir stoßen darauf in künstlerischen, sportlichen, pädagogischen, liturgischen, spirituellen, therapeutischen Zusammenhängen. Offenbar spüren wir den Wert des Tanzes und haben das Bedürfnis, ihn in möglichst viele Felder hinein zu integrieren.

**Weibliche und männliche Facetten im Tanz**
Oft wird mit dem Tanzen eher etwas Weibliches verbunden. Möglicherweise hängt es mit dem Erleben zusammen, dass Tanzen eng mit unserer körperlichen und sexuellen Identität verknüpft zu sein scheint. Bei Mädchen in der Vorpubertät und Pubertät ist häufig zu beobachten, dass sie sich augenscheinlich gerne tänzerisch bewegen, oft auch zu Hause vor dem Spiegel.

Jungen hingegen tanzen in dieser Zeit wohl eher selten, womit das im Letzten auch immer zusammenhängen mag. Zu männlichen Tänzern wird leicht Homosexualität assoziiert. Blicken wir in die Urkulturen, ist das keineswegs immer so gewesen. Beispielsweise kam den heldenhaften, kraftvollen und aggressiven Tänzen der Krieger eine wichtige Bedeutung zu.

In Kunstformen wie dem Ballett begegnet uns ein ordnender, strukturierender, richtungweisender Aspekt, wie er sich ebenfalls in der urtümlich männlichen Energie finden lässt.

Die tiefe Sehnsucht des Menschen nach Schönheit, Sinnlichkeit und Bezogenheit lässt sich vielleicht stärker mit weiblicher Kraft in Verbindung bringen. So kann gerade die Ästhetik in einem Tanz unseren Sinn für das Schöne wecken. Viele Tanzformen werden mit mehreren Menschen gemeinsam oder als Paar

Semâ-Zeremonie im Kulturzentrum des Derwischordens in Avanos, Türkei.
(www.wikimedia.org)

getanzt, wie beispielsweise die Kreistänze oder der Gesellschaftstanz. Sie können in uns die Sehnsucht nach gelingendem Miteinander stärken. Eine Betonung weiblicher Erd- und Körperverbundenheit findet sich in den uralt überlieferten Tänzen wie in neueren Tanzformen, die die Anbindung an diese uralte Kraft wieder verstärkt in unser Bewusstsein rufen wollen.

**Die Symbolik des Tanzes**

Der Tanz ist seit Menschengedenken Symbol für das Leben. Im Hinduismus findet sich die Vorstellung vom tanzenden Gott Shiva, der mit seinem Tanz die Welt im Wechsel erschafft und zerstört.

Das Christentum verehrt Franziskus von Assisi als Heiligen, der beständig seine besondere Nähe zur Schöpfung betanzt und besingt. Er lobpreist in den Lebenskräften seine göttlichen Eltern und in allen Geschöpfen und allem Geschaffenen seine Geschwister. Die Vertonung des ihm zugeschriebenen Sonnengesangs entstammt vermutlich erst späteren Quellen. Man nimmt an, dass es sich beim Sonnengesang anfänglich um eine Art Sprechgesang handelte oder dass er von Franziskus in einer einfachen, kindlichen Melodie gesungen wurde.

Im Christentum gibt es auch erzählte Legenden über Jesus als Tänzer. Vor einiger Zeit wurde eine solche mündlich an mich herangetragen. Leider kenne ich weder ihren Titel, noch weiß ich um irgendwelche Hinweise zu ihrem Ursprung und Hintergrund. In ihr tanzt sich Jesus von der lebendigen Ekstase bis zum Umfallen und in den Tod, der zugleich die Erfüllung und das Leben ist. Betrachten wir Jesus Christus als symbolische Gestalt unserer Seele, spiegelt sich in ihm die menschlich-göttliche, zwischen Leben und Tod ausgespannte, auf Ganzheit und Einheit ausgerichtete Lebendigkeit des Menschen wider.

Edgar Degas (1834-1917): Die Primaballerina
Musée d'Orsay, Paris (www.wikimedia.org)

### Eine mystische Zugangsweise zum Tanz des Lebens

C. G. Jung befasste sich im Laufe seines Lebens intensiv mit östlicher und westlicher Mystik. Für ihn gibt es keinen Unterschied zwischen archetypischen und mystischen Formen des Erlebens. Ein Mystiker ist für ihn ein Mensch mit einer besonders lebhaften Erfahrung der Vorgänge im kollektiven Unbewussten. In der Mystik tanzt die Seele, deren Innerstes göttlich und heilig ist, im und durch den Leib des Menschen.

Von Madeleine Delbrel (1904-1964), einer französischen Mystikerin, passen dazu vielleicht folgende Gedanken:

*An uns ist es, uns von dir erfinden zu lassen, um fröhliche Menschen zu sein, die ihr Leben mit dir tanzen. Um gut tanzen zu können –*

*mit dir oder auch sonst – braucht man nicht zu wissen, wohin der Tanz führt. Man muss ihm nur folgen ... wir aber haben aus unserem Leben eine Turnübung gemacht.*

Die Derwische im Sufismus, einer mystischen Ausrichtung des Islam, tanzen sich in einer linksdrehenden Spirale in Trance, um in Berührung zu kommen mit ihrem Innersten und Göttlichen in Form von Erleuchtung, Einheits- und Liebeserfahrung. Ihr Begründer Jelaladdin Rumi (1207-1273), ein islamischer Mystiker, beschreibt die Zielrichtung in der Weise:

*Werde still und bewege dich schweigend in Richtung Nicht-Sein. Wenn du nicht-seiend wirst, bist du nichts mehr als Lobpreis.*

Rumi, 2003, S. 75

Eine mystische Lebenshaltung umfasst weibliche und männliche Aspekte. Bezeichnend für sie ist ihre innere wie äußere transzendente Dimension, die den Menschen in seinem Hier und Jetzt und in seinem So-Sein übersteigt.

### Mystische Aspekte in der Symbolik des Tanzes

Im Folgenden möchte ich versuchen, die Symbolik des Tanzes mit einer mystischen Zugangsweise zum Leben in Verbindung zu bringen. Hierbei konzentriere ich mich auf einzelne Aspekte, die mir für eine mystisch geprägte Lebenshaltung relevant zu sein scheinen.

Es sind dies Präsenz und Körperverbundenheit, Mut und Entschiedenheit, Lebenskraft und Lebensliebe, Loslassen und Selbstvergessenheit. Alle genannten Aspekte versuchen, zuerst das Leben selbst zu Wort kommen zu lassen, bevor es von uns reflektiert, erklärt, eingeordnet, vermeintlich gewusst und festgehalten wird. Sie unterliegen keiner hierarchischen und linearen Anordnung. Vielmehr scheint mir ihr Auftreten zyklisch orientiert zu sein. Wenn wir mystisch eingestellt durchs Leben zu gehen versuchen, zeugen Anfang wie Ende von unserem Bekenntnis zum Leben. Es bildet sich dadurch sozusagen ein Kreis, der sich immer wieder von Neuem runden will.

### Leben zulassen: Präsenz und Körperverbundenheit

Tanz ereignet sich immer nur im Hier und Jetzt. Er entsteht im Augenblick und vergeht – anders als beispielsweise ein Gemälde – im selben Moment auch wieder. Wir können ihn nicht festhalten. Wir können einzig versuchen, hier und jetzt möglichst präsent in unserem Körper zu sein und uns für den Klang der Ewigkeit zu öffnen. Eine derartige Form von Präsenz bedarf höchster Konzentration und Aufmerksamkeit. Jede Sekunde unseres Tanzes ist eine ganz und gar einmalige Schöpfung des Allgegenwärtigen und Ewigen in diese Welt hinein. Je voller und klarer wir in unserem Körper sind, unsere Verbundenheit mit ihm wahrhaftig spüren können und je mehr wir das Leben um uns und in uns zulassen, desto umfassender und deutlicher kann das Göttliche durch uns hervortreten.

Mit allen unseren Sinnen können wir es wahrzunehmen versuchen und ihm die innere Erlaubnis geben, sich in seinem Facettenreichtum durch uns zeigen zu dürfen. Dadurch gewinnen wir nach außen hin an Echtheit und Transparenz. Wenn wir uns die Worte Made-



F. Nietzsche, Zarathustra III, Von alten und neuen Tafeln 23

leine Delbrels (siehe S. 363. Absatz) dabei zu Herzen nehmen wollen, kann uns die Spur zu wachsender Lebensfreude und dem zunehmenden Empfinden einer sinnvollen Existenz unserer selbst in der Welt hinführen.

### Leben wagen: Mut und Entschiedenheit

Wenn wir wirklich tanzen wollen, brauchen wir einen regelrechten Drang, uns ergreifen lassen zu wollen und den nötigen Mut, uns durch die Art und Weise unserer Körperbewegungen nach außen hin zu zeigen. Sobald es darum geht, etwas von uns sichtbar zu machen, wird es uns schnell unangenehm. Oder wir fühlen uns peinlich berührt, wenn ein anderer Mensch etwas von sich preisgibt. Besonders sensibel scheinen dabei Aspekte zu sein, die eng mit unserer Körperlichkeit in Verbindung stehen. Dabei sind wir im Grunde unserer Seele doch alle mehr als unsere Verletzungen und Ängste.

Zu unseren Urängsten gehört offenbar ganz besonders die Angst vor den immer wieder neuen Bewegungen, die das Leben unentrinnbar mit sich bringt, vor seinem Rhythmus, der sich im beständigen Wechsel von Sterben und Werden, von Tod und Geburt, von Ende und Anfang ereignet. Große Angst scheint uns auch unsere polare Natur zu machen, wie die weiter vorne beschriebene Christuslegende

Junge Leute tanzen Sirtaki bei einem Dorffest in Zypern
Foto: gorwol. www.shutterstock.com

Foto: tankist276 (www.shutterstock.com)

sie beschreibt. Wir kommen nur schwer mit unserer wahrhaftigen Größe zurecht und haben Probleme, mit unserer gleichzeitigen Kleinheit klarzukommen. Wir neigen dazu, uns selbst zu überschätzen oder minderwertig zu fühlen, anstatt uns auf die herausfordernden und entlastenden Aspekte unserer polaren Existenz zu konzentrieren. Ganz tief in uns scheint sich außerdem die Angst vor Liebesentzug bei gleichzeitiger Angst vor der Liebe zu verbergen.

Echtes Vertrauen zu entwickeln in uns selbst, in unsere Mitmenschen, in das Leben scheint nach wie vor zu den schwierigsten Dingen zu gehören, die es für uns zu meistern gilt. Leben zu wagen, uns von ihm wirklich ergreifen zu lassen, an Mut zu gewinnen, den Tanz des Lebens wahrhaftig zu tanzen, uns unsere Ängste vor der Liebe und ihrem Entzug, vor unserer Bedeutsamkeit und Bedeutungslosigkeit, vor dem Leben und dem Sterben zuzugestehen, geschwisterlich aufeinander zuzugehen und aufzustehen für Gerechtigkeit und Frieden, würden uns möglicherweise ein Stück weit aus unserer Isolation und Einsamkeit herausführen.

## Für das Leben brennen: Lebenskraft und Lebensliebe

Ein Tanz wird zum Tanz, wenn Tänzer und Tänzerin sich nicht mehr nur mit technischen Schrittfolgen und mechanischen Armbewegungen zufrieden geben. Sie beginnen zu tanzen, sobald sie verstärkt auf die Impulse aus ihrem Inneren hören und ihnen mit ihren Körperbewegungen zunehmend Ausdruck verleihen. Je mehr sie in ihre eigene Kraft hineingehen, desto intensiver spüren sie das Leben pulsieren und lassen es aus sich heraussprudeln. Dabei können sie vorübergehend auch mit ihrer Kraftlosigkeit, ihren Verspannungen und Blockaden in Kontakt kommen. Diese drohen das lebendige Feuer in ihnen möglicherweise zu ersticken, sodass es nach und nach verlischt. Wenn sie hingegen aus voller Kraft und wirklich tanzen, sich leidenschaftlich für das Leben öffnen, brennen sie lichterloh. Je mehr wir an Mut gewinnen, den Blick in unser Inneres zu wagen, uns unseren tiefen Ängsten zu stellen, desto mehr wird uns die Verbindung mit dem Leben gelingen. Sie lässt uns das Leben zunehmend anerkennen und befördern.

Wir beginnen, mit dem Musikfluss des Lebens zu tanzen und finden verstärkten Zugang zum Fluss der Emotionen, zur untrennbaren Verbundenheit mit der Erde, der Umwelt, dem eigenen Körper.

Das Erwachen zum Leben weckt unsere Sinne und unser Mitgefühl. Wir lassen uns hier und jetzt berühren von den Sorgen und Nöten aller Kreatur, helfen gegenseitig, Lasten zu tragen. Wir spüren die Wärme und Güte unserer Herzen, die uns zu selbstlosem Handeln einladen. Das Leben ruft uns, bewusst und verantwortungsvoll zu handeln, Konsequenzen abzuwägen, zu entscheiden, uns überzeugt, nachhaltig und solidarisch einzusetzen für die Zukunft der Erde und aller Existenz auf ihr. Erfolgs- und Leistungsstreben bringen unseren Lebenstanz nur begrenzt weiter. Wofür wollen wir brennen, wofür uns einsetzen in dieser Welt? Es gibt ein aus Griechenland stammendes Gedicht eines mir unbekannten Autors, welches dieses Brennen für den Tanz des Lebens, hier offenbar für einen griechischen Tanz mit Namen „Omal", auf wunderbare Weise beschreibt.

**Liebeserklärung an einen Tanz**

*Wirf deine Schuhe weg und tanze*
*spüre die Erde unter den Füßen*
*erahne die Wurzeln der Klänge*
*lass' die Musik deinen Körper*
*erobern und deine Seele*

*Wirf deine Schuhe weg und tanze*
*schenk' deiner Sehnsucht goldene Flügel*
*schließ' deine Augen und träume*
*träum' von der endlosen Weite des Meeres*
*und von dem Spiel der Wellen*
*vom Aufgang der Sonne über der Bucht*
*und vom Schrei der Möwe*
*von den vielen, bunten Kähnen*
*und dem Geruch der Fische*
*vom Geschmack des Salzes träume*
*und vom Prickeln der Haut*
*vom leuchtenden Blau und Weiß der Häuser*
*von Granatäpfeln und Olivenhainen*
*von der kleinen Kapelle hoch auf dem Felsen*

*von scheuen Blicken und lachenden Augen*
*von zerfurchten Gesichtern,*
*die Geschichten erzählen*

*Wirf deine Schuhe weg und tanze*
*lass' dich erfassen*
*vom Gleichklang der Schritte*
*fühle und höre ihr Trommeln*
*tauch' ein in den Rhythmus des Lebens:*
*ein Schritt für das Weinen*
*und zwei für das Lachen*
*ein Schritt für die Einsamkeit*
*und zwei für die Liebe*
*ein Schritt für die Angst*
*und zwei fürs Vertrauen*
*ein Schritt für die Flucht*
*und zwei für die Hingabe*
*ein Schritt für den Krieg*
*und zwei für den Frieden*
*ein Schritt für die Fesseln*
*und zwei für die Freiheit*
*ein Schritt für den Tod*
*und zwei für das Leben*

*Wirf deine Schuhe weg und tanze*
*lass' die Musik deinen Körper erobern*
*und deine Seele*
*schließe die Augen und träume*
*tanze und träume und tanze die Liebe*
*tanze und träume und tanze das Leben*
*tanze und tanze und tanze*

## Im Leben aufgehen: Loslassen und Selbstvergessenheit

Je selbstvergessener Tanzende werden, je mehr sie die Kontrolle über sich und ihr Umfeld hergeben, sich loslassen und vertrauensvoll in den Tanz hineingeben, desto intensiver wird das Tanzerleben. Irgendwann werden sie sich und den Tanz nicht mehr zu unterscheiden wissen. Sie werden selbst zu dem Tanz werden, den sie tanzen. In ihrem Sein werden sie nicht mehr so sehr zum Preisgebenden und Preisgegebenen, sondern vielmehr zum Lobpreis werden, ähnlich wie es Franz von Assisi nachgesagt wird. So wie Tänzer und Tänzerin immer mehr aufgehen im Tanz und der Musik, selbst zum Tanz werden, lebt der mystische Mensch aus der flammenden Sehnsucht, ganz sein zu wollen. Alltäglich lässt er sich bewegen von etwas, das ihn übersteigt. Er spürt Sinn und Ziel seines Lebens darin, in etwas Größerem, als er selbst es ist, aufzugehen, ohne dabei Angst zu verspüren, zu kurz zu kommen oder etwas zu verpassen. Im Loslassen bis hin zur Selbstvergessenheit zeigt sich seine Spur. Unvollkommen und bruchstückhaft tanzt er dem Wesentlichen entgegen, das er zugleich nie ganz haben und erreichen wird. Es scheint ihn immer zu übersteigen. Mitten im Schönen, in der Lebenslust, genauso wie im Schwierigen, in der Trauer und Klage, wird das Wunder des göttlichen Geheimnisses für uns alltäglich spürbar. Jeden Tag können wir neu anfangen, nach ihm zu suchen. Und wir können versuchen, uns zunehmend der Leib-Geist-Seele-Einheit in Demut und Dankbarkeit anzuvertrauen.

## Zum Leben bekennen: Klare Haltung

Das Ende ist gleichsam der Anfang. So scheint es einen engen Zusammenhang zu geben zwischen Lebensbekenntnis und Lebensberufung. Der mystisch geprägte Mensch fühlt sich alltäglich dazu aufgerufen, sich selbst und aller Kreatur ein Leben in Fülle zuzugestehen und dieses auch zu leben.

Sich offen zum Leben mit all seinen Facetten zu bekennen, setzt sicherlich eine Ahnung von der bereits beschriebenen umfassenden Liebe zum Leben sowie ein hinreichendes Bemühen um Selbsterkenntnis und Selbstentschiedenheit voraus. Es weckt die Hoffnung, dass sich unser Lebenstanz eines Tages in Frieden runden kann. Und vielleicht tanzt der mystisch geprägte Mensch sogar, ohne es im Letzten zu merken, still und schweigend in die geahnte Ewigkeit hinein, so wie Rumi ein entsprechendes Phänomen in Bezug auf den Tanz der Derwische beschreibt. Niemand weiß vermutlich im Voraus, wie es ihm am Ende seiner Tage ergehen wird. Was wir versuchen können, ist, uns mit einer immer klarer werdenden Lebenshaltung dem Ende vertrauensvoll entgegenzubewegen. Vielleicht können wir dann ir-

gendwann tatsächlich auf ein bewegtes und erfülltes Leben in Frieden und Heiterkeit zurückblicken und voller Überzeugung bekennen:

*Ja, ich habe gelebt! Denn ich glaube an das Leben, das Allmächtige, den Ursprung von Himmel und Erde und an seine unversiegbare schöpferische Quelle.*


**Literatur**
*Delbrel, M. (1904-1964): Gedicht aus Griechenland:* Quelle mir unbekannt^.
*Grumann, S. (2014):* Öffne dem Wunder Dein Ohr. Mit Musik und Tanz dem Fluss des Lebens folgen. Stuttgart: opus magnum.
*Grumann, S. (2016):* Leichten Herzens aufstehen. In: Auferstehungsleicht. Balance. Zeitschrift des Fachverbandes Meditation des Tanzes – Sacred Dance e.V.. Nr.1//2016. S. 17-19.
*Grumann, S. (2018):* Hannas Verwandlung. Von der spirituellen Symbolik des weiblichen Körpers. Stuttgart: opus magnum.
*Jung, C. G. (1973):* Zur Psychologie westlicher und östlicher Religion. GW 11. Olten: Walter.
*Jung, C. G. (1995):* Das symbolische Leben. GW 18/I. Düsseldorf: Walter.
*Rumi, J. (2003):* Tanz meiner Seele – Mystische Texte. Stuttgart, Zürich: Kreuz.

**Sabine Grumann**
Dipl. Päd., Dipl. Theol., Analytische Kinder- und Jugendlichenpsychotherapeutin, niedergelassen in eigener Praxis, Dozentin am C. G. Jung-Institut Stuttgart, über viele Jahre Arbeit als Pastoralreferentin mit Schwerpunkt in der Trauer-, Krisen- und Krankenseelsorge sowie der spirituellen Begleitung, Autorin der Bücher *Öffne dem Wunder Dein Ohr. Mit Musik und Tanz dem Fluss des Lebens folgen* und *Hannas Verwandlung. Von der spirituellen Symbolik des weiblichen Körpers.*

# Bis zum Umfallen

## Der Wettlauf zwischen dem Hasen und dem Igel

Gidon Horowitz

Am 13. Juli 1967 brach der britische Radprofi Tom Simpson während der Tour de France beim Anstieg auf den Mont Ventoux zusammen. Er erlitt einen Herzstillstand und verstarb am Straßenrand. Simpson war damals 29 Jahre alt. Ermittlungen nach seinem Tod ergaben, dass Simpson Aufputschmittel zu sich genommen hatte. Simpson war keineswegs der einzige Radrennfahrer, der während eines Rennens starb. Bei Wikipedia gibt es unter dem Stichwort *Liste von tödlich verunglückten Radrennfahrern* eine lange Aufzählung, die bis ins Jahr 1894 zurückreicht. Viele starben an den Folgen von Stürzen, einige auch, wie Simpson, infolge Herzstillstands. Der bislang letzte war der 23-jährige belgische Radprofi Michael Goolaerts, der am 9. April 2018 beim Rennen Paris-Roubaix nach einem Herzstillstand starb.

Nicht nur Radrennfahrer sind betroffen. So brach am 11. April 2018 ein 23 Jahre alter Marathonläufer beim Freiburg-Marathon 300 Meter vor dem Ziel zusammen und starb. Was bewegt Menschen, dermaßen über ihre Grenzen

Fotos: SFIO CRACHO, Shutterstock 156772622

und Möglichkeiten hinauszugehen, sich abzu-kämpfen, bis sie tot umfallen? Diese Frage be-schäftigt mich seit dem Tod meines Vaters vor über 40 Jahren. Er starb im Alter von 56 Jahren an einem Herzinfarkt – er hatte sich im wahrs-ten Sinne des Wortes zu Tode gearbeitet.

Ich habe in der Folge meine Diplomthesis am C. G. Jung-Institut Zürich zum Thema *Die Gehetzten. – Über die Hintergründe der Rast-losigkeit* geschrieben. Schon damals habe ich dabei auch das Märchen vom Wettlauf zwi-schen dem Hasen und dem Igel betrachtet, auf das ich hier nun näher eingehen möchte.

**Der Wettlauf zwischen dem Hasen und dem Igel**

Das Märchen ist zwar ziemlich bekannt, aber vielleicht doch nicht allen sofort geläufig. Des-halb fasse ich es hier kurz zusammen:

*Am Sonntag will der Igel aufs Feld gehen und nach den Steckrüben sehen. Er trifft auf den Hasen, der nach dem Kohl schauen möchte. Der Igel grüßt den Hasen freundlich, der aber begegnet dem Igel voller Hochmut. Er erwidert den Gruß nicht, sondern verspottet den Igel wegen dessen krummer Beine.*

Der Igel fordert den Hasen nun zu einem Wettlauf heraus und behauptet, er könne schneller laufen als der Hase. Sie wetten um ein Goldstück und eine Flasche Schnaps. Der Hase will gleich loslaufen, aber der Igel meint, er müsse erst etwas frühstücken gehen. In ei-ner halben Stunde könne es dann losgehen.

*Der Igel geht heim und befiehlt seiner Frau, mit ihm zum Acker zu kommen, wo der Wett-lauf stattfinden soll. Sie soll sich ans untere Ende des Feldes stellen. Wenn der Hase bei ihr ankommt, soll sie rufen: „Ich bin schon da!" Der Igel geht zum Hasen ans obere Ende. Jeder soll in einer Ackerfurche laufen. Der Igel läuft nur drei Schritte, dann bleibt er ruhig sitzen.*

*Als der Hase am unteren Ende ankommt, empfängt ihn die Frau des Igels mit dem Ruf: „Ich bin schon da!" Der Hase kann die Frau des Igels nicht vom Igel unterscheiden, er lässt sich täuschen. Er ist aber nicht bereit, seine Nie-derlage einzugestehen, sondern will noch ein-mal laufen. Er dreht sich um und stürmt wieder ans obere Ende des Feldes, wo ihn der Igel mit „Ich bin schon da!" begrüßt.*

*Dreiundsiebzig Mal läuft der Hase den Acker hinauf und hinunter, so schnell er nur kann. Beim vierundsiebzigsten Mal stürzt er mitten auf dem Acker, „das Blut floss ihm aus dem Hals und er blieb tot auf dem Platze." Der Igel nimmt daraufhin das Preisgeld – Goldstück und Schnapsflasche, ruft seine Frau und beide gehen vergnügt nach Hause.*

In der Erzählung von Bechstein folgt dann noch die Moral, dass sich keiner, *und wenn er sich auch noch so vornehm dünkt,* über ei-nen anderen lustig machen soll. Und dass es geraten ist, eine Frau aus demselben sozia-len Stand zu nehmen. In seinen Anmerkungen zu dem Märchen weist der Märchenforscher Walter Scherf (1920-2010) darauf hin, dass der Wettstreit zwischen einem Igel und einem Hasen bereits auf einer antiken griechischen Vase (aus dem 5. Jahrhundert v. u. Z.) darge-stellt ist. Auch der Märchenforscher Hans-Jörg Uther weist in seinem *Handbuch zu den Kin-der- und Hausmärchen der Brüder Grimm* auf das hohe Alter der Erzählung hin:

*Schon im antiken Erzählgut sind Fabeln vom Wettlauf zwischen einem langsamen und einem schnellen Tier (Schildkröte und Hase) bekannt. … Geistige Gaben, suggerieren die Texte, sind wichtiger als Körperkräfte, zumindest gleichen sie fehlende Kräfte aus.*

So wie die Geschichte von Bechstein erzählt wird, wirkt sie wie eine schwankhafte Fabel mit einer klaren Moral am Ende. Auch die Erklärung von Hans-Jörg Uther wirkt einfach. Aber lässt sich diese Erzählung wirklich auf eine einfache Moral reduzieren? Und was hat sie mit den Menschen unserer Zeit zu tun, die sich in verschiedenen Bereichen zu Tode hetzen?

### Hochmut und narzisstische Kränkung

Zunächst fällt mir auf, wie hochmütig der Hase ist. Der Igel begrüßt ihn freundlich, er aber verspottet den Igel wegen dessen krummer Beine und kann es dann nicht zulassen, dass der verachtete Igel ihn im Wettlauf besiegt. Die Schmach wäre wohl so groß, dass er lieber stirbt. In der katholischen Kirche gilt Hochmut als *Todsünde*, er steht sogar *am Anfang aller Sünden*. Das Märchen zeigt, dass der Hochmut nicht nur für andere kränkend ist, sondern für den davon Befallenen tödlich wirken kann – im Märchen führt er zum Tod des Ha-

sen.Hinter einem derartigen Hochmut verbirgt sich oft eine tiefe Unsicherheit, die durch die Überheblichkeit kompensiert wird. In der Natur ist der Hase ein ängstliches, oft gejagtes Tier, das auf seine schnellen Beine angewiesen ist, um sich in Sicherheit zu bringen. Im Märchen hängt sein Selbstwertgefühl existenziell davon ab, dass er schnell laufen kann, auf alle Fälle schneller als der verachtete, krummbeinige Igel. Die hohe Anzahl der Läufe – dreiundsiebzig Mal – zeigt auch, wie verbissen der Hase ist. Er *muss* gewinnen. Eine Niederlage im Wettlauf gegen den Igel wäre für ihn offenbar schlimmer als der Tod.

Der Hase ist dabei auch blind für den Betrug, dem er zum Opfer fällt. Er kommt gar nicht auf den Gedanken, dass etwas nicht mit rechten Dingen zugeht bei diesem „Wettlauf". Woher kommt diese beinahe schon naive Haltung? Ist die Kränkung, dass der Igel vor ihm da ist, so groß, dass er an nichts anderes mehr denken kann als: *Ich muss unbedingt gewinnen!*? Oder ist diese naive Haltung auch eine Folge seiner Überheblichkeit? Ist er so *abgehoben*, dass er gar nicht merkt, was um ihn herum auf der Erde geschieht?

Auch dem Igel sind seine Beine wichtig. Er ist durch den Spott des Hasen so gekränkt, dass er ihn hereinlegt und von seinem Betrug bis zuletzt nicht ablässt. Auch er bleibt verbissen dabei und nimmt selbst den Tod des Hasen skrupellos in Kauf. Ja, er geht danach sogar mit seiner Frau *vergnügt* nach Hause. Er wirkt völlig unberührt und lässt keine Spur von Mitgefühl, Betroffenheit oder gar Schuldgefühl erkennen.

Der Igel verhält sich tricksterhaft. Aber anders als in vielen Märchen, in denen die Kleinen, Schlauen die bedrohlichen Großen und Starken besiegen, ist sein Gegner hier nicht lebensbedrohlich. Der Hase hat den Igel ja „nur" verspottet. Aber vielleicht ist das schon zu viel, vielleicht fühlt auch der Igel sich durch solchen Spott existenziell bedroht. Seine mörderische Rache erinnert mich an narzisstisch schwer gestörte Menschen, die sich voll im Recht fühlen, andere umzubringen, manchmal nur, weil die *komisch geschaut* haben.

Es gibt also einige Ähnlichkeiten zwischen diesen beiden äußerlich so verschiedenen Gestalten. Beide wollen am Sonntag nach ihrer Nahrung auf dem Feld schauen, beide sind erdverbunden, beide sind sehr schnell zutiefst gekränkt oder verunsichert, und bei beiden spielen die Beine eine wichtige Rolle für das Selbstwertgefühl. Sie wirken beinahe wie zwei ungleiche, verfeindete Brüder, die in einer mörderischen Konkurrenz zueinander stehen.

### Subjektstufige Betrachtungen

Unsere Ausgangsfrage war ja: Was treibt Menschen so an, dass sie bis zum Umfallen laufen, Rad fahren, arbeiten …? Wenn wir das Märchen nun subjektstufig betrachten als Bild für den seelischen Zustand *eines* (imaginären) Menschen, wie könnte dieser Mensch dann aussehen? Ich vermute, dass seine bewusste Einstellung der Haltung des Hasen im Märchen entspräche. Das Selbstwertgefühl eines solchen Menschen würde fast ausschließlich durch äußere Leistungen genährt. Im Märchen ist es das schnelle Laufen, im Leben kann es alles Mögliche sein – berufliche Karriere, Geld, sportlicher Erfolg, gutes Aussehen. … Der verachtete Igel verkörpert dann Schattenanteile dieser Person. Alles, was nicht zum angestrebten Erfolg beiträgt oder nicht zum idealen Selbstbild passt, wird verachtet und abgelehnt. Die bloße Existenz dieser Schattenanteile ist für die Aufrechterhaltung der Fassade, der Persona, bedrohlich. Die Existenz dieser Schattenanteile zu akzeptieren hieße ja zuzugeben, dass die vor sich und anderen zur Schau gestellte Perfektion nur ein schöner Schein ist. So gesehen wird die schroffe Ablehnung und Verachtung des Hasen gegenüber dem Igel im Märchen verständlich.

Der so abgelehnte Schatten wird damit psychisch zu einer Bedrohung. Er muss bekämpft werden. Manche bekämpfen den *inneren Schweinehund*. Damit akzeptieren sie immerhin, dass diese abgelehnten Anteile zu ihnen gehören. Sehr oft aber werden diese Anteile völlig abgespalten und auf andere projiziert, die dann als „böse" oder „unwert" angesehen werden und „ausgerottet" werden müssen. Wir

sehen leider tagtäglich genügend Beispiele einer solchen Haltung.

Innerseelisch aber rächt sich die verachtete und abgespaltene Seite. Sie vermittelt dem Menschen immer wieder: „Du bist nicht so gut, wie du zu sein scheinst." Damit treibt sie ihn weiter an und lässt ihn nicht zur Ruhe und zur Besinnung kommen. Je mehr der Schatten abgelehnt wird, desto heimtückischer und bösartiger wird er – wie der Igel im Märchen.

So können wir in einem solchen Menschen zwei „innere Antreiber" erkennen, die meist eng zusammenarbeiten. Die eine Seite sagt: „Du musst der/die Beste sein". Diese Seite ist oft von den Eltern geprägt, wir können im Hintergrund oft einen negativen, entwertenden Vaterkomplex erkennen, dem nur das Allerbeste gerade gut genug erscheint und der seinem Kind die Anerkennung konsequent verweigert. Die andere Seite aber stichelt immer wieder: „Du bist gar nicht so gut, wie du zu sein vorgibst." und: „Der oder die ist besser als du." Bei dieser zweiten Einflüsterung wird das angestrebte Idealbild auf den/die andere/n projiziert. Er oder sie wird dann der/die „verhasste Konkurrent/in", der/die ewige Rivale/Rivalin, der/die bekämpft und übertroffen werden muss. Da es ein Kampf gegen ein projiziertes Idealbild ist, handelt es sich um ein im Grunde aussichtsloses, nie enden wollendes Unterfangen.

Die biblische Geschichte von Kain und Abel zeigt, dass diese tödliche Konkurrenz zwischen Geschwistern ein Urmotiv im zwischenmenschlichen Zusammenleben darstellt. Es ist ein archetypisches Geschehen, zu dem aber auch das Verhalten einer höheren Instanz beiträgt, die dem einen den Vorzug vor dem anderen gibt. Wohlgemerkt, die Ablehnung seiner Opfergabe rechtfertigt nicht die mörderische Tat des Kain, hat sie aber provoziert. Im Grunde ist Kain herausgefordert, nicht blind zu wüten und zu morden, sondern seine Verletzung anzuerkennen und mit der Macht zu streiten, die ihn verletzt hat – in der biblischen Geschichte mit Gott.

**Auswege aus dem Dilemma**

So erkennen wir hinter der einfachen Tierfabel archetypische Muster, die menschliches Verhalten seit Jahrtausenden prägen – bis heute. In unserer Leistungsgesellschaft, die ständiges Wachstum fordert und unerbittliche Konkurrenz fördert, sind diese Muster ständig wirksam. So wirken sie auch sehr oft in den Gehetzten unserer Zeit.

Ich möchte an dieser Stelle allerdings klarstellen, dass Geschwindigkeit und Wachstum an sich nicht das Gehetztsein ausmachen. Das wesentliche Merkmal ist vielmehr die innere Getriebenheit, die ein Innehalten verbietet, – so wie der Hase im Märchen nicht aufhören kann zu laufen. Die Betroffenen können nicht mehr frei entscheiden, ob sie weitergehen wollen, sondern sind von den inneren Antreibern beherrscht, zuweilen sogar besessen.

Was aber kann ein Mensch tun, um sich von diesen inneren Antreibern zu befreien? Der erste – entscheidende – Schritt ist, sie zu erkennen und sich nicht mehr mit ihnen zu identifizieren. Schon das fällt vielen Betroffenen sehr schwer, sie sind ja oft seit Jahrzehnten so geprägt. Und dann geht es um das lange und mühevolle Lernen und Üben einer freundlichen Selbstannahme. Das bedeutet die Annahme der eigenen Licht- und Schattenseiten, Möglichkeiten und Begrenzungen, mit ihren Veränderungen im Laufe des Lebens. Die Grundhal-

tung hat Erich Fried in einem Gedicht sehr treffend ausgedrückt:

*Es ist, was es ist, sagt die Liebe.*

Zu dieser Selbstannahme gehört es auch, die verachteten und abgelehnten Schattenseiten zu akzeptieren und anzunehmen. Das klingt zunächst einfach, ist aber oft sehr schwierig umzusetzen. Ein Zitat von C. G. Jung (GW 11, §528) dazu:

*In Wirklichkeit aber bedeutet das Annehmen der Schattenseite der menschlichen Natur etwas, das ans Unmögliche streift. Man bedenke, was es heißt, die Daseinsberechtigung des Unvernünftigen, des Sinnlosen und des Bösen anzuerkennen!*

Es würde den Rahmen dieses Artikels bei weitem sprengen, auf den Prozess der Auseinandersetzung mit dem Schatten ausführlich einzugehen. Ich möchte an dieser Stelle nur einige wenige Hinweise dazu geben: Zum einen scheint es mir wichtig, die eigenen Grenzen zu erkennen und anzunehmen. In diesem Zusammenhang scheint es mir wenig hilfreich und kaum Erfolg versprechend, wenn jemand sagt, er wolle den *inneren Schweinehund* bekämpfen oder gar überwinden. Eine solche Haltung lehnt oft die eigenen Grenzen ab.

Ob es wohl auch so geht?
Zeichnung von Paul Hey, 1936

Sie kann zu einem Zusammenbruch führen, der auch tödlich enden kann. Viel gesünder ist ein freundlicher und liebevoller Umgang mit sich selbst.

Das Annehmen seiner selbst mit Licht- und Schattenseiten erfordert Geduld und Humor. Es kann nur in kleinen Schritten erfolgen. Und es gehört mit zum Annehmen, auch die Langsamkeit dieser Entwicklung zu akzeptieren. Je mehr sie gelingt, desto mehr stellt sich ein Zustand ein, den Erich Neumann (2005, S. 82) so beschreibt:

*So führt der Integrationsprozess mit … seiner Orientiertheit am Selbst und an der Ganzheit zu einer Persönlichkeitsstruktur, die nicht mehr durch den Kampf der Gegensätze und das Überwiegen der einen oder der anderen Seite aufgelöst werden kann.*

Wenn das gelingt, können sich – im Bild des Märchens – Igel und Hase freundlich begrüßen und sich dann dem zuwenden, was sie wirklich nährt, den Steckrüben und dem Kohl.

**Literatur:**
*Bechstein, L.:* Sämtliche Märchen. München o.J.
*Bernauer, U.:* Das Böse in Stein gehauen – Skulpturen der Todsünden am Freiburger Münster. Jung-Journal Nr. 32, September 2014.
*Fierz, H. K (1982):* Die Psychologie C. G. Jungs und die Psychiatrie. Zürich.
*Fried, E. (1983):* Es ist was es ist, Liebesgedichte Angstgedichte Zorngedichte. Berlin.
Brüder Grimm (1949): Kinder- und Hausmärchen. Zürich.
*Jung, C. G. (1981):* Die Beziehungen zwischen dem Ich und dem Unbewussten. GW Bd. 7, 3. Auflage. Olten.
*Jung, C. G. (1983):* Psychotherapie und Seelsorge. In: GW Bd. 11, 4. Auflage. Olten
*Neumann, Erich (1949):* Tiefenpsychologie und neue Ethik. Zürich. Neuauflage 2005.
Download: www.opus-magnum.de
*Uther, Hans-Jörg (2013):* Handbuch zu den „Kinder- und Hausmärchen" der Brüder Grimm. 2. Auflage. Berlin.

**Gidon Horowitz**
Märchenerzähler, Schriftsteller, Autor mehrerer Märchenbücher. Psychologischer Psychotherapeut (Psychotherapie/Psychoanalyse, DGAP, IGfAP) in eigener Praxis in Stegen bei Freiburg im Breisgau. Seit 2016 im Vorstand der Internationalen Gesellschaft für Tiefenpsychologie e.V.

*Statt zu sagen:*
*Sitz nicht einfach nur da –*
*tu irgendetwas, sollten wir das*
*Gegenteil fordern:*
*Tu nicht einfach irgendetwas –*
*sitz nur da.*

Thich Nhat Hanh

# Gehen in der Wüste –

## Aufbruch, Umbruch, Paradoxien des Lebendigen

Thomas Schwind

Sinai-Wüste, Ägypten. Foto: Dudarev Mikhail (www.shutterstock.com)

*Gehen in der Wüste* (1982) von Otl Aicher ist der Titel eines berühmten Buches, zumindest eines berühmten Buches für Wüstenwanderer. Aicher war der Chefdesigner von Braun und ein leidenschaftlicher Wüstengänger, der in der Wüste die Bewegung als eine prototypische Form der Lebensbewegung, des Sichbewegens in der Welt auffasste. Er verglich das Sichbewegen in der Wüste mit dem Sichbewegen im Leben, in der Lebendigkeit insgesamt. Ein Beispiel aus diesem Buch (S. 167):

*leben aus erster hand. leben aus zweiter hand. leben aus dritter hand. vor dem fernsehapparat sitzen und konserveninformationen zu sich nehmen. vorgefertigte ferien buchen. programmierte arbeit tun. das vokubular des psychiaters für die eigene psyche ansehen. industriekäse und industriesäfte zu sich nehmen ... so fängt die selbstaufgabe an. das ist das leben des idealkonsumenten der heutigen wirtschaft, der nichts mehr produziert als seine altersversorgung ... schon aus gründen der hygiene, um nicht dreckig zu werden, aus gründen der entwicklung von antistoffen, um nicht vereinnahmt zu werden .... ist es angebracht, gelegentlich nicht handwerkliche, sondern sogar vorhandwerkliche epochen aufzusuchen: die deckung von umwelt und person wiederherstellen. brunnen in der wüste suchen. Sein hab und gut auf den buckel nehmen, nicht andere tragen lassen und deshalb sein hab und gut reduzieren und minimieren. statt ziele anzurennen gehen lernen... schlafen, wo immer einen die müdigkeit überfällt ... mit der sonne, mit den sternen dem mond leben. man entdeckt das licht, die großen stunden des tages und der nacht, das wasser und die furcht (der nächste mensch ist einige hundert kilometer entfernt).*

(Aicher erfand übrigens eine eigene Schrift, wozu auch die konsequente Kleinschreibung gehörte). Unser zu oft formatiertes, nutzbringendes, verplantes, ritualisiertes Alltagsleben, das in seiner Geordnetheit und Gleichförmigkeit uns Sicherheit zu geben verspricht, wird hier von dieser Art und Weise, in die Natur hinauszugehen, grundlegend hinterfragt. Dabei ist diese Natur der Wüste in ihrem Ursprung, ihrer Geschichte und ihrer Wirkung in besonderer Weise, oft auch in paradoxer Weise herausfordernd, widersprüchlich und seit alters her bedeutungsvoll.

Es gibt viele Zugänge zur Wüste und zur geistigen, seelischen, emotionalen und leiblichen Begegnung mit dieser Landschaft. Ich bin zwölf Jahre lang jedes Frühjahr in den Sinai, der eine Gebirgswüste und natürlich auch eine geschichtsträchtige Wüste ist, gegangen, zu Fuß und mit dem Kamel, unter freiem Himmel schlafend, geführt von Daffallah, einem wunderbaren Beduinen, der ohne zu fragen verstand, was wir Zivilisationsmüde in der Wüste suchen, zuletzt 2012 in einer vierwöchigen Durchquerung des Sinai.

Das ist der erste Zugang: durch die eigene Erfahrung, durch das eigene Gehen durch die Wüste. Verbleiben kann man in der Wüste nur sehr begrenzt, es sei denn, man meint, das Leben eines Wüstenvaters aus dem 2. Jahrhundert n. u. Z. nachleben zu müssen. Die Erfahrungen des Gehens in der Wüste sind vielfältig, tiefgreifend, nachhaltig. Die erste Erfahrung ist die des einsamen Menschen in der Weite der Welt, in der Weite der Schöpfung.

Diese Unendlichkeit des Sternenhimmels, diese unendliche Weite, die dem Auge geschenkt wird, das nirgends sich festmachen und fokussieren will, die plötzliche Einkehr von der Weite in die Wahrnehmung des kleinsten Details, zum Beispiel einer Ameise in endlosem Sand, lässt den Wüstengänger demütig werden, ohne dass Demut ein Programm oder ein religiöses Gebot wäre. Diese Demut, dieses heitere Gefühl über die eigene Kleinheit, die sich von der Kleinheit der Ameise nicht nennenswert unterscheidet, geschieht – ohne Gebet, ohne Imagination, ohne Meditation, ohne Reflexion.

Die Unmittelbarkeit dieser sinnlichen und leiblichen Erfahrung macht mit einem (Herz-)Schlag mich klein und zugleich einsam in einer Weise, die nicht die romantisch-melancholische Form der Einsamkeit im Sinne des *mit mir selbst alleine sein* ist, sondern einsam im Sinne eines starken Gefühls, ein Teil des Alles und Einen, der Schöpfung zu sein, die mein geistig-seelisches Fassungsvermögen bei Weitem übersteigt.

Allein in der Wüste, zumindest wenn man sich einige Tage alleine darin aufhält, ist vor allem das Allein-Sein im Sinne der Abwesenheit: Alles, was mich hier in der westlichen Welt tagtäglich vereinnahmt, fehlt in der Wüste: andere Menschen, Menschenmengen auf einem Haufen, Häuser, Straßen, Wände, Gefängnisse, Bäume, Felder, Briefe, Emails, Autos, Geschäfte, Gebrüll und Geschrei, jammernde und dröhnende Radios, Internet, Bildschirme, Ansprüche und Anforderungen, Geldscheine, Bankeinzahlungen, Verabredungen, Arbeit, Freizeit, Fernsehnachrichten. ...

Daraus entwickelt sich eine zweite grundlegende Erfahrung: die der eigenen Leiblichkeit und des Lebens in dieser Leiblichkeit, die nur mir angehört, einer Vertiefung, vielleicht auch Erahnung des Lebendig-Seins in mir, ohne dass ich außer dem Atem und dem Wasser noch irgendetwas anderes bräuchte.

Das ist dann die dritte Erfahrung: der Abbau so vieler merkwürdiger, überflüssiger Bedürfnisse, mit deren Befriedigung wir uns im Alltag herumschlagen. Otl Aicher meint dazu:

*In die Wüste gehen ist in allen hochkulturen ein akt der innenschau, des selbstbewußtwerdens, auch ein akt der reinigung und selbstvermessung, der schärfung des denkens, des hörens und des sehens. da wir in unserer zivilisation den körper vernachlässigen und wir wie die tiere, die nie aus dem stall herauskommen, leben, heißt in die wüste gehen, einmal den stall verlassen. in der wüste sein ist wie eine kur, eine kur für körper, geist und seele. durch die genügsamkeit werden falsche materielle und immaterielle stoffe abgebaut. alles überflüssige bleibt zurück, vor allem viel überflüssiges, mit dem wir sonst unser leben mit sorgen anfüllen.*

Ich schlafe im Freien unterm Himmelszelt, es gibt kein Haus aus Beton, Glas und Stahl, keine Käfige, keine Wände. Ich gehe mit der Sonne schlafen und stehe mit ihr auf. Kein Licht, die Dunkelheit wird nur durch die Sterne und den Mond auf überraschende Weise erhellt. Das Umherziehen in der Wüste ist eine Form des Gehens, die nicht die Zielgerichtetheit eines Wanderns in den Bergen hat, man muss keine Hütte erreichen oder einen Berggipfel oder im Tal wieder ankommen, sondern man legt sich gerade dort nieder zum Schlafen, wo man gerade ist.

Dies ist eine Erfahrung der Annäherung an das Nomadentum: Der Boden, die Erde kommt mir immer näher, es gibt keine Möbel, keinen Stuhl, auf dem man erhöht sitzen könnte, ich passe mich dem Vorgefundenen an, lasse mich auf der Erde nieder und ich verzichte auf Ziele. Das verändert auch das eigene Denken: Es gibt viel weniger klare Standpunkte, von denen aus gedacht werden müsste. So wie man in einer Gebirgswüste wie dem Sinai um jeden Berg oder Felsen herumgehen kann, kann man auch im Denken nomadisieren, herumgehen, sich verteilen und verstreuen, ganz anderes und ganz andere Gedanken, die anscheinend logisch nicht in den Zusammenhang zu gehören scheinen, geschehen lassen und so aus dem oft festgefahrenen Denken, zum Beispiel dem oft festgefahrenen Denken psychoanalytischer oder vermeintlich wissenschaftlicher Herkunft, herausfinden in die Weite, die durch keinen Horizont begrenzt wird. C. G. Jung hat diese Haltung in der Alchemie gefunden:

*Wenn du deinen Mangel an Phantasie, an Einfällen und innerer Belebtheit, den du als Stockung und unfruchtbare Öde empfindest, mit jenem Interesse betrachtest (= „trächtig machst"), welches eben in dem Alarm besteht, den man als Folge des inneren Todes und als Ruf der Wüste (nicht selten ein „call of the wild") vernimmt, so kann etwas werden, denn die innere Leere birgt eine ebenso große Fülle, wenn du dich nur so lässest, dass sie in dich eindringen kann. Wenn du dich zugänglich erweisest für den Ruf der Wüste, so wird die Sehnsucht nach Erfüllung die öde Leere deiner Seele so beleben wie ein Regen die trockene Erde. (So spricht die Seele zum Laboranten, der mit stierem Blick auf seinen Ofen starrt und sich hinter den Ohren kratzt, weil ihm nichts mehr einfällt).*

Jung, GW 14/1, § 184

Der Ruf der Wüste ist ja denn auch ein Ruf, der in der Geschichte der Menschheit an verschiedenen Bruchstellen aufgetaucht ist. Wüste ist zum Beispiel der Ort der Kulturferne, aus der Johannes der Täufer kommt, der einem neuen Kult, eben dem christlichen, den Weg bahnt; er ist in die Wüste gegangen, um sich zu erneuern, durchaus auch um zu „verwildern", d. h. aus den alten religiösen Schemata frei zu werden, er ist von dort aus zum Jordan gegangen, um zu taufen.

Mit dem Wüsten-Topos erhält die sich neu gründende Religion Dignität: Die Wüste ist der Ort unverstellter, unmittelbarer Gottesnähe, eine Nähe, die keinen Tempel, keine Kirche, keine mediale Inszenierung braucht, die keine institutionelle Formatierung braucht und deshalb von uns westlichen Menschen oft als wahrer neuer Ort höherer Spiritualität idealisiert wird.

Meister Eckharts philosophischer Begriff der Wüste kann helfen, dieser Idealisierung nicht aufzusitzen. Leiblichkeit, Mannigfaltigkeit und Zeitlichkeit stehen nach Meister Eckhart der Erkenntnis der Wahrheit entgegen: Wer Raum, Zeit und Mannigfaltigkeit lässt, wer in diesem Sinne gelassen ist, der wohnt, nach Eckhart, in der Ewigkeit, im Geist, in der Einheit, in der Wüste. Die Wüste findet man dann, wenn man sich von allem Geschaffenen und Kreatürlichen entfernt und in den paradoxen Raum der Abwesenheit geht. Der Grund Gottes ist Wüste – nicht als Ort der Offenbarung, sondern in Verbindung mit dem Seelenfunken ist der Grund Gottes das verborgene Dunkel ewiger Verborgenheit und zugleich der Anfang aller Klarheit.

Der Seelenfunken will in den Grund, in die stille Wüste, in die kein Unterschied fällt. Wüste ist bei Meister Eckhart deshalb ein Bild und Symbol für die Einöde und Einsamkeit im Sinne eines Einsseins, einer *solitudo* und einer Negation des Geschaffenen. Die Wüste ist vom Geschaffenen prinzipiell verschieden und abgeschieden, sie ist Einheit und göttlicher Grund, Vernunft und Gleichheit, eben ein Bild für die Negation der Unterschiede und damit ein Symbolraum, der noch am ehesten sich

Die Milchstraße über der israelischen Wüste.
Foto: Basti Hansen (www.shutterstock.com)

für Meister Eckhardt (Schnabel, Berlin 1903, S. 115) dafür eignet, seiner Bitte,

*dass wir Gottes ledig werden und dass wir die Wahrheit dort fassen und ewiglich genießen, wo die obersten Engel und die Fliege und die Seele gleich sind*

einen Ort anzubieten, in dem diese Bitte entäußert werden kann. Dabei gilt es zu beachten, dass es das religiöse Prinzip *Wüste* an sich nicht gibt, die Wüste wird erst durch Signaturen und Zeichen der heiligen jüdisch-christlichen Geschichten zu einem spirituellen Ort.

Im Islam ist das weitgehend anders: Dort ist die Wüste zuerst der Ort der Weite und Weglosigkeit, der übermäßigen Hitze und der Kargheit (sahrâ = ebenes, wasserloses Gebiet), der bösen Geister, der Djins und Ghuls , die man auf der Durchreise, auf der Pilgerfahrt nach Mekka durchqueren muss oder in die man durch unglückliche Umstände hineingeraten kann, wie es in manchen Erzählungen aus 1001 Nacht beschrieben wird.

Die Wüste ist hier kein Aufenthalts- oder Zielort, die Dichter gewannen der Wüste keine angenehmen oder positiven Seiten ab. Allen-

falls taucht im 7. Jahrhundert in der Liebeslyrik die Wüste gelegentlich als Zufluchtsort für unglücklich Liebende auf. Die Wüste taucht in der Bildersprache des Koran auf als Bild für das Ende der Zeiten, für den Jüngsten Tag, an dem selbst die höchsten Berge zu einer Luftspiegelung werden (Sure 78, 20). Das Irregehen in der Sünde wird in Beziehung gesetzt zum Irregehen in der Wüste. Der Sinai erhält dabei eine ganz andere Bedeutung als im Judentum: als *Ort des Irregehens der Kinder Israels*.

Die Wüste war dagegen das erste Ziel der Israeliten auf dem Weg ihrer Befreiung, ihres Exodus aus der Gefangenschaft in Ägypten. Die 40-jährige Wanderung durch die Wüste nach der Befreiung und vor der Eroberung des versprochenen Landes Palästina macht sogar ein Fünftel der Tora, der heiligen fünf Bücher Moses, aus. Die Wüste beinhaltet hier gleichzeitig Tod und Zerstörung wie auch Zufluchtsort und göttliche Lebenserhaltung, Befreiung und Verpflichtung im Bund mit Gott.

Das vierzigtägige Fasten des Jesus in der Wüste und seine Versuchung durch den Satan greift die Wüste als religiöse Metapher wieder auf, was dann wiederum die Wüstenväter als eine anfängliche, ursprüngliche christliche spirituelle Praxis fortsetzten. Das griechische Wort für den geografischen Raum eremos wird dabei meist als „Einsamkeit" übersetzt.

Es geht um einen Entzugstopos: Weltflucht, Menschenferne, Stille, Abgeschiedenheit. Jesus zieht sich in die eremos / Wüste zurück: zur Besinnung, zur Retardierung, zum Rückzug von seinem Heilswirken, auch zum Rückzug von seinen Jüngern und Anhängern und es entsteht und entwickelt sich eine wichtige Unterscheidung spirituellen Daseins als vita activa und vita contemplativa.

Die Wüste steht als Landschaft, Bild, Metapher und Realität für das Fremde, Unverfügbare, Unheimliche und Gefährliche, aber auch für das Faszinosum der Abgeschiedenheit (Meister Eckhart), des Ausgesetztseins, für den unserer Zivilisation ganz fremden Ort. Die Wüste hat daher immer einen Gegenbildcharakter: Zu unserem zivilisierten Leben, zur Sozialität, zur Urbanität, zu unseren sozial und psychisch stabilen Bezugssystemen steht im Gegensatz dazu die Wüste eher für die Verlassenheit (deserta), die Einsamkeit (solitudo), auch für die unfruchtbare Trockenheit (arena sterilis), für Verwüstung (vastitas) und für den, der versucht, sich diese Wüste als das Fremde zu eigen zu machen: den Eremiten (eremus). Sie wird damit zu einem Ort, der zugleich ein Nicht-Ort ist, der demjenigen, der sich ihr aussetzt, ein Angebot macht, aufzubrechen und in eine neue, vielleicht auch erneuerte Bewegung des Lebens in sich zu kommen. Ich betone hier: das Leben in sich, nicht zu sich, denn Letzteres formuliert schon wieder zu sehr die Zielgerichtetheit, die dem Wüstengänger eher suspekt ist.

Psychologisch würden wir vielleicht sagen können, dass es um eine Grenzerfahrung der Fülle und Leere und der Suche nach dem Wasser des Lebens geht. Sich einfinden in einer Oase der Einfachheit, des Nomadentums, in der Kleinheit und Demut sich der maßlosen Weite aussetzen und die Stille und kosmische Geborgenheit unter dem Sternenzelt ertragen ist genauso eine Herausforderung wie paradoxerweise die mitmenschliche Geborgenheit in einer Karawane zu erfahren.

In die Wüste gehen als Aufbruch und Symbol für innere und äußere Bewegung könnte dann auch heißen, achtsam auf die Idealisierungen zu schauen, die wir unserer spirituellen Suche allzu gerne beigeben, weil die Grenzenlosigkeit, das Verwüstete und Vertane, die Verwandlung unserer Gärten, die in der Erstarrung und Trockenheit zu Wüsten werden, schwer zu ertragen sind. Wüste relativiert eben auch Werte und Einstellungen und führt zum Verlust von Hierarchien, Zentren, Einheitsdenken, traditionellen Werten und zum Aufgeben all zu genauer Zielgerichtetheit.

In der Wüste bleibt man nicht hocken, sondern man muss gehen. Abū ʿAbdallāh Muhammad Ibn Battūta war ein im 14. Jahrhundert lebender muslimischer Rechtsgelehrter, der seine Reiseerlebnisse unter dem Titel *Geschenk für diejenigen, welche die Wunder von Städten und den Zauber des Reisens betrachten* veröffentlichte und darin seine Pilgerfahrt nach Mekka schildert. Er schreibt:

*Beim Betreten der Wüste bist du verloren,*
*beim Verlassen der Wüste wiedergeboren.*

**Thomas Schwind**
Analytischer Psychotherapeut, Psychoanalytiker, Jahrgang 1952, 1. Vorsitzender der C. G. Jung-Gesellschaft Köln. Lehr und Kontrollanalytiker in NRW, 1. Vorsitzender des PsychotherapeutInnen-Netzwerks Münster. Mitarbeiter am Lehrbuch: Müller, A., Müller, L.: Praxis der Analytischen Psychologie, Kohlhammer 2018.

Gütersloher Verlagshaus, 400 Seiten, 2017, 25,00 €,
ISBN-13: 978-3579086934

# Aufklärung braucht Balance

## Ernst Ulrich von Weizsäcker



**„Wir sind dran" mit einer Neuen Aufklärung**
Der Club of Rome hat sich wieder zu Wort ge-
meldet. Sein neues Buch *Wir sind dran* (im englischen Original *Come On!*) ist aktuell und ehr-
geizig. Gewiss geht es von den Grenzen des
Wachstums aus, einem Buch, das den Club
1972 weltweit berühmt gemacht hat. Aber in
der Beschreibung dessen, was seit 1972 passiert ist, nämlich eine rasante Beschleunigung
des Wachstums und eine weitere Verdoppe-
lung der Erdbevölkerung, kommen wir zu der
Überzeugung, dass wir mitten in einer philosophischen Krise stecken, ohne dieses aber zu
wissen. Ist das nicht ein Phänomen für die Tiefenpsychologie?

Wir heften also dieser grimmigen Tat-
sachenbeschreibung einen zweiten Buchteil
an, der versucht, die philosophische Krise zu
beschreiben. Am Ende, als das Buch nach
drei Jahren Arbeit mit 40 Beiträgern, 35 von
ihnen Mitglieder des Club of Rome, einigermaßen fertig war, kamen wir zu der Überzeugung,
dass dieser zweite Teil der revolutionärste Teil
geworden war. In einem dritten Teil, quantitativ dem größten, wird dann pragmatisch dargestellt, was man praktisch machen kann, um
künftigen Generationen noch eine Chance für
eine lebenswerte Welt zu lassen. Da geht es
dann um regenerative Städte, die Energie-
wende, eine dringliche Agrarwende, die Digi-
talisierung und nicht zuletzt um die Zähmung
der arrogant gewordenen Finanzmärkte. Das
ist aber nicht der Inhalt dieses Aufsatzes für
das Jungjournal.

Die Skizze der philosophischen Krise beginnt mit der großartigen Enzyklika *Laudato
Si'* von Papst Franziskus. *Laudato Si'* nennt
als zentrales Problem die übliche kurzfristige
Wirtschaftslogik, die die wahren Kosten ihrer
langfristigen Schäden für Natur und Gesellschaft ignoriert.

*Wenn die Produktion steigt, kümmert es we-
nig, dass man auf Kosten der zukünftigen
Ressourcen oder der Gesundheit der Umwelt
produziert. Wenn die Abholzung eines Waldes
die Produktion erhöht, wägt niemand in diesem Kalkül den Verlust ab, der in der Verwüstung eines Territoriums, in der Beschädigung
der biologischen Vielfalt oder in der Erhöhung
der Umweltverschmutzung liegt. Das bedeutet, dass die Unternehmen Gewinne machen,
indem sie einen verschwindend kleinen Teil
der Kosten einkalkulieren und tragen.*

Absatz 195

**Die „alte" Aufklärung fand in der „Leeren
Welt" statt**
Wir weisen jedoch nach, dass auch in anderen Religionen der pflegliche Umgang mit der
Schöpfung eine zentrale Rolle spielt. Aber wir
sagen auch, dass sämtliche Religionen in der
Zeit der „Leeren Welt" entstanden sind, ein
Ausdruck, den Herman Daly in die Diskussion
gebracht hat. Daly unterscheidet diese von der
heutigen „Vollen Welt", die neuerdings auch
als Anthropozän bezeichnet wird. Und er weist
klar nach, dass die ökonomische Optimierung
in der Leeren Welt völlig anders aussieht als
in der Vollen. In der Leeren Welt waren Jagd,
Fischfang, Waldrodung, Bergwerke noch das
Normalste von der Welt. Heute besteht die
nachhaltige ökonomische Optimierung in der
Hauptsache darin, solche Tätigkeiten scharf
zu kontrollieren und zu begrenzen.

Wir konstatieren auch, dass die Aufklärung
des 17. und 18. Jahrhunderts in der Leeren
Welt stattfand und dass die Aussagen eines

Adam Smith und eines David Ricardo für diese sehr vernünftig und glaubwürdig war, dass diese beiden Koryphäen der Ökonomie implizit oder explizit Voraussetzungen angenommen haben, unter denen ihre Lehre zu mehr Wohlstand führt.

Für Adam Smith war es noch unbezweifelbar, ja naturgegeben, dass die geografische Reichweite des Marktes (der „Unsichtbaren Hand") identisch war mit der Reichweite des Staates, des Rechts und auch der Moral. Unter dieser Voraussetzung war das Verfolgen egoistischen Handelns eingebettet in durchsetzbares Recht und damit weitgehend akzeptabel. Und für David Ricardo blieb das Kapital (damals hauptsächlich das Produktionskapital) selbstverständlich ortsfest, während nur die Waren und die Kaufleute über die Grenzen wanderten.

Das beißt sich scharf mit der heutigen Situation, wo der Markt (der Finanzmarkt vor allem) global ist und das Recht vorwiegend national, und wo der Produktionsfaktor Kapital der mit großem Abstand mobilste Faktor ist: Praktisch mit Lichtgeschwindigkeit saust das Kapital in unglaublicher Höhe um die Welt, immer auf der Suche nach höchster Kapitalrendite.

Wir erwähnen auch eine massive Fehlzitierung von Charles Darwin, für den die geografische Isolation ein wichtiger Evolutionsfaktor war, und dessen Evolutionslehre im modernen Populationsdarwinismus geradezu imperativ die übliche Nicht-Ausrottung von schwächeren Genen und Varianten enthält. Der vor allem im angloamerikanischen Kulturkreis verbreitete Sozialdarwinismus preist die Ausrottung der Schwächeren als den eigentlichen Inhalt des Wettbewerbs.

Wir gehen noch weiter und bezichtigen eine Naturwissenschaft, die sich voll auf den Reduktionismus verlässt (und sich Analytische Philosophie nennt), einer schlimmen Vereinfachung. Eine Ratte biochemisch zu analysieren heißt zunächst einmal in fast allen Fällen, sie zu töten. Man sollte vorsichtig sein, das alles als „Life Sciences", „Lebenswissenschaften" zu bezeichnen.

Schließlich kommen wir zu der leicht umstürzlerischen Auffassung, unsere Volle Welt benötige eine Neue Aufklärung. Gewiss räumen wir ein, dass die Aufklärung des 17. und 18. Jahrhunderts eine philosophische Befreiung von den erstickenden und autoritären Strukturen des Mittelalters war. Sie leitete auch eine wissenschaftliche Blüte und im Gefolge die industrielle Revolution ein. Aber sie hatte auch Schwächen, die man gerne verdrängt: Sie führte zu einer Überheblichkeit Europas und wurde zu einer Legitimationsgrundlage für die Kolonisierung, d. h. Eroberung des größten Teils der Welt durch europäische Armeen. Sie enthielt als Kernstück die Lobpreisung auf Individualismus, Egoismus, Utilitarismus, Fortschritt und freie Märkte. Und später, hauptsächlich im späten 19. und im 20. Jahrhundert wurde sie zu einer Legitimationsgrundlage für eine Ökonomie des gnadenlosen Wettbewerbs.

## Amerikanische Sonderposition

Es ist in der politischen Situation der USA seit dem Amtsantritt von Donald Trump nur zu verständlich, dass es mittlerweile jährliche Großdemonstrationen als *March for Science* gibt (gegen lügendurchsetzte Politik und Kürzung von Wissenschaftsgeldern). Verständlich ist auch, dass ein gescheiter Intellektueller wie der Harvard-Professor Stephen Pinker kraftvoll zu einer Wiedererweckung der „alten" Aufklärung aufruft. Aber warum muss er seinen Aufruf mit einem Angriff auf ökologische Besorgnisse verbinden, - was doch fast das Gegenteil zur Tugend der Aufklärung ist?

Er muss es natürlich nicht. Aber in den USA ist die Beschimpfung und das Besiegen der Gegner mehr als ein Volkssport. Es ist Teil der Zivilisation, die teilweise aus einer manichäistischen Unterscheidung zwischen Licht und Finsternis stammt. Die jeweiligen Rivalen werden zu Vertretern der Finsternis erklärt, und damit rechtfertigt sich dann auch ein gnadenloser Kampf der „Guten" gegen die „Bösen". Und in den USA eint die beiden politischen Lager eine Grundüberzeugung: Um ein guter Amerikaner zu sein, muss man Optimist sein (oder heucheln es zu sein). Und da werden ökologische Sorgen eben als Pessimismus angesehen und verurteilt.

Die „alte" Aufklärung enthält auch ihrerseits starke Komponenten der Rechthaberei: Wahrheitssuche besteht oft darin, dass einer, der Recht zu haben glaubt, die Aussage seines Gegners zu zertrümmern sucht, dem er Unrecht unterstellt. Das ist in der Mathematik und der analytischen Naturwissenschaft in den meisten Fällen legitim. So sammeln sich Wissenschaftler gerne um den aus der alten Aufklärung kommenden Rationalismus und Fortschrittsglauben.

### Balance statt Rechthaberei

In allen Kulturen der Welt ergibt zwei mal zwei vier, und wer behauptet zwei mal zwei sei fünf, hat einfach Unrecht. Das ist aber kein Grund dafür, auch bei den großen politischen und zivilisatorischen Streitfragen zu behaupten, eine Seite habe Recht und die andere Unrecht. Praktisch immer haben beide Seiten irgendwie Recht, und Rechthaberei kann total in die Irre führen.

Statt Rechthaberei brauchen wir einen durchgehenden zivilisatorischen Sinn für Balance. Das ist der positive Kern unserer Forderung nach einer Neuen Aufklärung. Dies müssen wir ein wenig illustrieren.

Fangen wir mit der Dogmatik der Geschwindigkeit an. Die wirtschaftspolitische Anbetung der „Innovation" verlangt, dass in der Welt des Wettbewerbs eine gnadenlose Prämie auf Geschwindigkeit vorherrscht. In der amerikanischen Businesssprache geht es heute mit Vorliebe um „disruptive technologies". Das ist ausdrücklich Schumpeters Lehre von der schöpferischen Zerstörung abgeschaut. Und genau das ist es: so rasche (meist digitale) Innovationen, dass die klassische Technik gar keine Chance mehr hat. Beim Digitaltechnik-Konzern HP gibt es inzwischen einen Vizepräsidenten mit dem Titel Chief Disrupter.

Für die Mehrzahl der Menschen ist diese permanente und sich sogar beschleunigende Innovation Quelle der großen Verunsicherung. Aus Bequemlichkeit lädt man die Verzweiflung über diese Verunsicherung gerne bei „den Politikern" ab, die einem keinen Rosengarten mehr schenken können.

Bestünde hingegen ein zivilisatorisches Verständnis für die Tugend der Balance, könnte diese Art der „Übertragung" stark abgemildert werden. Hierzu ein weiteres Beispiel: Im politischen Raum gibt es den dauernden Streit zwischen der Priorisierung der Gerechtigkeit und der Priorisierung der Leistungsanreize. Aber heißt das, dass eine Seite Recht hat und die andere Unrecht? Kaum.

Gute Politik muss eine Balance finden zwischen Gerechtigkeit und Leistungsanreiz. Dann wird die Betrachtung der Politiker der „linken" und der „rechten" Seite nicht mehr mit Zorn im Bauch vollzogen, sondern mit der (individuell verschiedenen) Abwägung, ob einem in der gegenwärtigen Lage die Gerechtigkeit („links") oder der vermehrte Leistungsanreiz („rechts") wichtiger ist. Und die „Groko" würde nicht als Ausbund von Machtgier und faulen Kompromissen, sondern als eine temporäre Balance zwischen den zwei Prinzipien wahrgenommen; die Zahlenverhältnisse im Bundestag machen nunmal andere Koalitionen noch deutlich schwieriger.

Der Ärger ist nur, dass der globalisierte Wettbewerb eine inhärente Tendenz hat, die Leistungsanreize stärker zu belohnen als die Gerechtigkeit. Man sieht es daran, dass in fast allen Ländern der Welt der Abstand zwischen Arm und Reich in den letzten 25 Jahren zugenommen hat. Nun käme es weltpolitisch darauf an, auch hier wieder mehr Balance zu schaffen, also denjenigen, die durch Innovation und Leistung „unanständig" reich geworden sind, Akte der Gerechtigkeit aufzuzwingen. Solange man aber (wie im angelsächsischen Kulturraum üblich) den gnadenlosen Wettbewerb als naturgegeben ansieht, wird man jeden übernationalen Eingriff in die Ungerechtigkeit als ungerecht, zerstörerisch oder zumindest fortschrittshemmend ansehen und schärfstens ablehnen.

Es geht also auch um einen weltweiten „Kampf der Kulturen", aber nicht zwischen „Freiheit und Islam" (wie einfach gestrickte Leser Samuel Huntington interpretiert haben – auch wieder eine manichäische Vereinfachung!), sondern eher zwischen alter sozialdarwinistischer Aufklärung und neuer balance-orientierter Aufklärung.

## Von der Politik zur Philosophie

In *Wir sind dran* werden noch viele weitere Beispiele von Balance erwähnt. Und es wird gesagt, dass asiatische Kulturen hier viel weiter sind als die westlichen Kulturen. Doch das „Club-of-Rome"-Buch spielt sich nicht als politischer Schiedsrichter auf, sondern nähert sich der Aufgabe friedensstiftender Balance eher von der philosophischen Seite. Wir konstatieren, dass es – für die Physik seinerzeit höchst überraschend – in der Quantentheorie selber bereits Phänomene der Balance gibt, oder genauer der Komplementarität.

Werner Heisenbergs Unbestimmtheitsrelation hat klargemacht, dass man von zwei einander komplementären physikalischen Größen, z. B. Ort und Impuls, niemals beide gleichzeitig mit beliebiger Genauigkeit messen kann. Wo das Produkt der beiden Messwerte in der Größenordnung des Planck'schen Wirkungsquantums ist, bedeutet eine gesteigerte Messgenauigkeit etwa des Ortes automatisch eine verminderte Messbarkeit des Impulses. Die Komplementarität ist eine gigantische philosophische Überraschung gewesen, und es ist nicht allzu verwunderlich, dass Techniker sich lieber in Bereichen aufhalten, wo man weit weg vom Planck'schen Wirkungsquantum ist. Aber das Phänomen der Komplementarität gibt es natürlich auch in allen makroskopischen Phänomenen. So etwa zwischen vitalen Lebenseigenschaften und perfekter Anatomie: Letztere tötet das Leben ab.

Wir vermuten, dass eine neue Aufklärung gut daran tut, sich mit den Erkenntnissen der modernen Naturwissenschaft „auf gleicher Augenhöhe" auseinanderzusetzen. Erst dann, so meinen wir, haben wir eine echte Chance, auf dem Weg über die Philosophie eine gute Grundlage für die große zivilisatorische und politische Auseinandersetzung zu schaffen.

Unser Buch bleibt jedoch nicht bei dieser eher abstrakten philosophischen Erörterung stehen, sondern geht in dem quantitativ längsten Teil auf die pragmatische Politik der Nachhaltigkeit ein. Da kommen konkrete Vorschläge zu einer Re-regulierung der Finanzmärkte, zum Klimaschutz, zur ökologisch tragfähigen Landwirtschaft, zur Dezentralisierung der Energieerzeugung sowie zur Kreislaufwirtschaft vor. Auch neue Ansätze zur Wohlstandsmessung, zur Wissenschaftspolitik, zur Stabilisierung der Bevölkerung und zur Koordinierung widerstrebender nationaler Interessen, also zur Weltpolitik haben ihren Platz. Jedoch bleiben die Verfasser bei der Überzeugung, dass ohne die Anstrengung zu einer Neuen Aufklärung für die Volle Welt, all diese praktischen Ansätze letztes Endes zum Scheitern verurteilt sind.


**Literatur:**
*Daly, H. (2015)*: Economics for a Full World. Essay for the Great Transition Initiative. Boston: Tellus Institute.
*Huntington, S. P. (1996):* The Clash of Civilizations and the Remaking of World Order. New York: Simon & Schuster.
*Papst Franziskus* (2015): Laudato Si'. Über die Sorge für das Gemeinsame Haus. Leipzig: St. Benno Verlag.
*Pinker, S. (2018):* Enlightenment Now. The Case for Reason, Science, Humanism, and Progress. London: Allen Lane (Penguin Random House).
*Junker, D. (2003):* Power and Mission. Was Amerika antreibt. Freiburg: Herder Verlag.
*Joseph L Bower, J.L., Christensen, C. M. (1995):* Disruptive Technologies: Catching the Wave. Harvard Business ReviewJanuary–February 1995.
*von Weizsäcker, E. U., Wijkman, A. u.a. (2017)*: Wir sind dran. Was wir ändern müssen, wenn wir bleiben wollen. Gütersloh: Gütersloher Verlagshaus.
*(Dies. 2018)*: On! Capitalism, Short-termism, Population and the Destruction of the Planet. New York: Springer.

**Ernst Ulrich von Weizsäcker**
*25. Juni 1939 in Zürich, ist ein deutscher Naturwissenschaftler und Politiker (SPD). 1998 bis 2005 war er Mitglied des Deutschen Bundestages. Seit 2012 ist er Ko-Präsident des Club of Rome.

# Was soziale und andere Bewegungen bewegt

Johannes Dürr

Es sah einmal so aus, als könne und müsse sich nicht mehr viel bewegen in der Gesellschaft: Nach dem Zusammenbruch der Sowjetunion und des Staatskommunismus sei das „Ende der Geschichte" in Sicht gekommen, so der Politikwissenschaftler Francis Fukuyama. Die liberale Demokratie und der Kapitalismus hätten auf ganzer Linie gesiegt, und es gäbe dazu keine Alternative. Aber man kann sich auch zu Tode siegen. Der Kapitalismus wird bestimmt vom Zwang zu ständigem Wachstum, um möglichst hohe Renditen zu erwirtschaften. Das Kapital ist seinem Wesen nach Geldvermehrung um ihrer selbst willen. Dazu muss immer mehr produziert und konsumiert werden – mit fatalen Folgen: dem Raubbau an den natürlichen Ressourcen dieser Erde und katastrophalen Folgen für das Klima.

Grenzenloses Wachstum ist jedoch ein Ding der Unmöglichkeit. Gleichbleibende Wachstumsraten führen zu einem exponentiellen Wachstum, bei dem weder der Bedarf an Waren und Dienstleistungen noch die Ressourcen mithalten können. Doch weder in Fragen der Klimagerechtigkeit noch der sozialen Gerechtigkeit ist die Politik bereit, das nötige Maß an Veränderungen umzusetzen. Umso wichtiger wurde darum in der Zivilgesellschaft die Rolle neuer sozialer Bewegungen. Im Blick darauf soll hier vor allem gefragt werden:

Was bewegt Menschen, sich solchen Bewegungen anzuschließen und nach neuen Wegen zu suchen in Richtung auf eine humane Gesellschaft, die allen dauerhaft ausreichende und lohnende Lebensmöglichkeiten bietet?

Beispiel einer solchen Bewegung, die auf Veränderung der gesamten Lebensverhältnisse zielt, ist die *Postwachstums-* *bewegung*. Sie hebt sich in ihrer Reichweite von anderen Bewegungen mit mehr oder weniger begrenzter Zielrichtung ab: zum Beispiel der **Friedensbewegung,** *der* **Studen-tenbewegung,** *der* **Frauenbewegung** *und aktuell der* **#MeToo-Bewegung**; dazu wären zu nennen globalisierungskritische Bewegungen wie **Attac** und finanzweltkritische wie **Occupy** oder auch speziellere Bewegungen wie die **Anti-Atomkraft**-**Bewegung** oder schließlich die **Hausbesetzer-Bewegung.**

Zu unterscheiden ist auch zwischen älteren und sogenannten neuen sozialen Bewegungen – klassisches Beispiel für erstere ist die Arbeiterbewegung. Die neuen sozialen Bewegungen ergaben sich im Anschluss an die 68er Bewegung und sind überwiegend gesellschaftskritisch ausgerichtet.

Gewissermaßen ein Zerrspiegel dazu sind rechts orientierte Bewegungen wie etwa Pegida. Immerhin haben sie mit den anderen Bewegungen gemein, dass sie von unten her gewachsen sind - zu unterscheiden von einem anderen Sonderfall, den der von oben her inszenierten Bewegung wie der En-Marche-Bewegung in Frankreich. Und bei seiner Amtseinführung tönte Präsident Trump im Blick auf seine Absichten, Amerika groß zu machen: „Es ist eine Bewegung entstanden, man sagt, wie es sie noch nie auf der Welt gegeben hat." Dieser Superlativ dürfte allerdings jener noch weit fataleren Bewegung vorbehalten bleiben, deren Kräfte sich sowohl von unten wie von oben her verschworen: der nationalsozialistischen.

Es muss sich darum erweisen, wes Geistes Kind eine Bewegung ist: ob sie dem Leben aller dient oder zu Zerstörung, Tod und Untergang führt. Letztlich kommt es auf das

Demonstration am Ende der Vierten Internationale Degrowth-Konferenz, Leipzig, 2014
(www.wikimedia.org)

Menschenbild an: wie man das Verhältnis der lebensfördernden oder der destruktiven Energien des Menschen bestimmt, Lebenstriebe oder Todestrieb für ausschlaggebend ansieht.

Die **Postwachstumsbewegung** jedenfalls versteht sich dezidiert als eine Bewegung gegen die Zerstörung unserer Lebenswelt und für eine neue Qualität des Lebens, gekennzeichnet durch Genügsamkeit, Achtsamkeit und Kooperation, und darum soll im Folgenden näher auf sie eingegangen werden.

Nach wie vor beherrscht das quantitative Wachstumsparadigma Politik und öffentliches Bewusstsein. Geradezu euphorisch werden Prognosen von um die zwei Prozent Wachstum des Bruttosozialprodukts verkündet, die katastrophalen Folgen für das Klima jedoch verleugnet: Um die Folgen der Klimaerwärmung in erträglichen Grenzen zu halten, dürfte jeder Erdenbewohner höchstens 2,5 Tonnen $CO_2$ pro Jahr in die Luft blasen. Derzeit aber ist jeder Bundesbürger durch sein Konsum- und Mobilitätsverhalten für den Ausstoß von durchschnittlich 11 Tonnen $CO_2$ verantwort-

lich. Um die erforderliche Reduzierung zu erreichen, genügt es nicht, Ressourcen effizienter zu nutzen, da die Effizienzgewinne de facto durch einen Mehrverbrauch wieder aufgewogen werden. Statt eines „grünen Wachstums" müssen Wirtschaftsleistung und Ressourcenverbrauch entkoppelt werden. Dafür ist es höchste Zeit.

Der scheidende Chef des Potsdamer Instituts für Klimafolgenforschung, Hans Joachim Schellnhuber, verglich einmal die Lage der Menschheit mit einem Mann, der sich vom Dach des Empire State Building stürzt. Auf Höhe des zweiten Stockwerks ruft er: „Bis jetzt ist alles gut gegangen." Und wo befindet sich Mensch heute? „Ungefähr auf der Höhe der 20. Etage", sagt Schellnhuber, „aber ich habe die Hoffnung, dass er einen Fallschirm trägt." Doch welcher Art könnte nun ein solcher Fallschirm sein?

Bereits 1972 gelang es dem **Club of Rome**, das Thema „Grenzen des Wachstums" zu einem Schlüsselthema zu machen, und im gleichen Jahr schon wurde in Frankreich der Begriff eines Postwachstums geprägt, auch *déc-roissance" bzw. „degrowth* genannt. Als Voraussetzung für ein zukunftsfähiges Leben auf der Erde wurde ein Nullwachstum oder sogar eine Wachstumsrücknahme gefordert. Doch das Ende der Ölkrise und das Paradigma einer neoliberalen Marktorientierung ließen die Thematik wieder in der Hintergrund treten – bis die krisenhaften Folgen des Wirtschaftswachstums in Gestalt des Klimawandels nicht mehr zu übersehen waren.

Seit 2002 nahm darum die *Postwachstums-Bewegung* wieder an Fahrt auf. Es gab mehrmals internationale Konferenzen, eine Fülle von Veröffentlichungen und verschiedene wachstumskritische Initiativen. Von 2011 bis 2013 arbeitete sogar eine Enquete-Kommission des Bundestages zu *Wachstum, Wohlstand, Lebensqualität – Wege zu nachhaltigem Wirtschaften und gesellschaftlichem Fortschritt in der Sozialen Marktwirtschaft*, die jedoch zu wenigen konkreten Ergebnissen führte. Kaum ein Politiker traut sich, seinen Wählern reinen Wein einzuschenken, dass es so nicht mehr weiter gehen könne. Er/sie möchte ja wieder gewählt werden.

Doch mehr oder weniger unbemerkt von der etablierten Öffentlichkeit finden sich immer mehr Menschen, gerade auch in der jüngeren Generation, die sich mit Alternativen zum gängigen Wachstumsparadigma auseinandersetzen, sei es mit der *Gemeinwohlökonomie* eines Christian Felber oder der *Postwachstums-ökonomie* eines Nico Paech.

Beispiele aus der Tübinger Szene: die studentische Initiative **Week of Links** für Erstsemestrige. Über 200 junge Menschen kamen zum Vortrag *Wie geht Veränderung?*, vorgetragen von einer Mitarbeiterin der Stiftung *Futurzwei*, die sich mit alternativen Lebensstilen und Wirtschaftsformen befasst. Auch das internationale Netzwerk **Rethinking Economics** ist eine Studierendeninitiative, deren Veranstaltungen starken Zulauf Jüngerer haben. Hier ist etwas in Bewegung gekommen, dessen Bedeutung gar nicht unterschätzt werden kann.

Ein weiteres Beispiel: Aus dem Kreis von Bürgerinitiativen gegen den wachsenden Landschaftsverbrauch hat sich ein *Bürgerprojekt* gebildet **Zukunft Tübingen** – *neu denken und anders handeln*. Es will das Unbehagen von Bürgerinnen und Bürgern aufgreifen angesichts von immer mehr Einwohnern, mehr Wohn- und Gewerbeflächen, mehr Arbeitsplätzen samt wachsendem Verkehrsaufkommen, mehr Konsum etc. Ziel ist es, sich mit Alternativen zum herrschenden Wachstumsparadigma zu befassen, die Eingang in die Stadtentwicklung finden.

Nun hat jedoch alles seinen Preis und die Probleme beginnen, sobald es um konkrete Umsetzungen einer Postwachstumsgesellschaft geht. Lokal betrachtet: Wenn trotz des wachsenden Siedlungsdrucks keine Wohnungen mehr gebaut werden, werden die vorhandenen Wohnungen für immer mehr Menschen unbezahlbar. Global betrachtet: Bei einem Null- oder Negativwachstum in armen Regionen der Welt wachsen Hunger und Elend, und mit ihnen wächst die Weltbevölkerung weiter in einem Ausmaß, vor dem viele die Augen verschließen.

Es sieht also so aus, als ob wir uns in einem Dilemma befinden: Ohne Wachstum geht es nicht – aber immer mehr Wachstum geht auch nicht. Es gibt keine einfachen Lösungen. Umso wichtiger ist es, dass die Diskussion in Bewegung bleibt und Menschen sich nicht einfach damit abfinden, dass alles so bleibt, wie es ist, weil dann eben nichts bleiben wird. Doch wie kommen Menschen dazu, sich Gedanken über Alternativen zu machen und sich für grundlegende Veränderungen einzusetzen?

Die überwiegende Mehrheit der Menschen in den reichen Ländern hat immer noch das Gefühl, von der gegenwärtigen Wachstumsgesellschaft zu profitieren. Darum wird immer mehr konsumiert, und der Flugverkehr, einer der schlimmsten Klimakiller, hat innerhalb eines Jahres um über 7% zugenommen. Viele Menschen haben zwar von den Gefahren für die Zukunft vernommen, stöhnen über einen heißen und extrem trockenen Sommer. Aber der Leidensdruck reicht längst nicht aus, um grundlegende Veränderungen zu befürworten. Viel zu stark hat sich bei vielen im Bewusst-

Die 15-jährige Schwedin Greta Thunberg (Vordergrund Mitte), die den „Schulstreik" initiiert hat, der darauf aufmerksam machen soll, dass es die Generation der heute jungen Menschen ist, die die Folgen des Klimawandels ausbaden muss, den die Generationen davor zu verantworten haben. „Warum soll man für eine Zukunft lernen, die es vielleicht gar nicht gibt?", sagte Greta. „Und warum soll man Fakten pauken, wenn die wichtigsten Fakten von der Gesellschaft nicht ernst genommen werden?"
Foto: Alexandros Michailidis, shutterstock 1319306966

sein und Unterbewusstsein das Wachstum als Wert festgesetzt. Der Antrieb zur zwanghaften Geldvermehrung bestimmt nicht nur das Marktgeschehen, sondern auch das Subjektsein der Menschen.

Um davon loszukommen, braucht es geradezu so etwas wie eine Befreiungsbewegung – eine Transformation der Antriebskräfte und Wünsche der Menschen vom Modus des Habenwollens in den Modus des Seins, zur Haltung der Genügsamkeit nach dem Motto: „Gut leben ist besser als viel haben."

In der Bewegungsforschung der letzten 50 Jahre finden sich durchaus verschiedene Erklärungsmuster, wodurch Bewegungen ausgelöst werden und wie Menschen dazu kommen, Einstellungen zu ändern. Auffallend ist zunächst, dass das Wissen um Probleme längst noch nicht zu einem anderen Verhalten führen muss. Menschen sind geprägt von Gefühlen sowie unbewussten Vorstellungen von dem, was man für ein normales Leben hält – von Gewohnheiten und von Verhaltensmustern der jeweiligen Bezugsgruppe. Menschliches Verhalten ist geformt von einer Vielzahl von Interessen und Voraussetzungen: ökonomischen, biologischen, psychologischen, sozialpsychologischen, kulturellen, religiösen und anderen.

Dass es zu Veränderungen kommt, kann sehr verschiedene Gründe haben: Unzufriedenheit mit bestehenden Verhältnissen, Leidensdruck und die Erfahrung von Ungerechtigkeit – dann der persönliche Erfahrungshorizont mit erlebten Krisen und Lernprozessen, die gezeigt haben, dass sich Dinge verändern lassen – und schließlich Vorbilder und Leitfiguren im persönlichen Leben und in der Geschichte. Verallgemeinernd lässt sich dabei sagen: „Nicht das Denken ist der Weg zu einer neuen Handlungsweise, sondern das Handeln der Weg zu einer neuen Denkweise."

Dazu gehören Erfahrungen, wie es sich anfühlt, anders zu leben, langsamer, bewusster, genügsamer – am besten in Gemeinschaft und im Austausch mit anderen – nicht verbissen, nicht moralinsauer belehrend, sondern mit ansteckender Freude über erlebte Befreiung. Aus dieser Perspektive heraus kann sich zeigen, dass die Welt nicht nur voller Probleme ist, sondern auch voller Lösungsmöglichkeiten. Man kann sie zunächst zwar „nur" als Nischen oder Inseln im scheinbar unaufhaltsamen Fluss der Dinge betrachten. Aber dort werden Lösungen geboren, die innovativ und kreativ sind. Nur ein kleines Beispiel: Statt immer mehr Landschaftsverbrauch gegen die Wohnungsnot machen plötzlich Tiny Houses von sich reden – mobile Kleinsthäuser im Miniformat.

Und überhaupt: Es ist immer besser, ein Licht anzuzünden, als nur die Dunkelheit zu beklagen. Oder auch Hoffnungsgeschichten zu sammeln und weiterzuerzählen. Und nicht zuletzt gilt es, das weite Feld von Hoffnungs- und Veränderungspotenzialen in der Geschichte zu beachten.

Schon in alter Zeit sah es zeitweise so aus, als gäbe es keine Alternative zur aufkommenden Geldwirtschaft. Es waren dann charismatische Persönlichkeiten wie die alttestamentlichen Propheten, wie Buddha, wie Jesus, die alternative Bewegungen auslösten. Und gegen den aufkommenden Frühkapitalismus im Mittelalter und der frühen Neuzeit bildeten sich neue Bewegungen wie die Armutsbewegung oder die reformatorische Bewegung – die Käuflichkeit des Heils im Ablasswesen war nur so etwas wie die Spitze eines Eisbergs einer umfassenden Herrschaft des Geldes, die ein Martin Luther massiv zu bekämpfen versuchte.

Symbol, Subjekt und auslösendes Element der Veränderung war dabei der göttliche Geist. „Ich will ihnen ein anderes Herz geben und einen neuen Geist in sie geben", heißt es beim Propheten Hesekiel (11,19). Auch bei Jesus spielt die göttliche Geisteskraft eine zentrale Rolle: „Der Geist ist's, der lebendig macht." (Johannes 6,63) Jener verheißene Geist, der an Pfingsten auf alle ausgegossen wird – der belebt, bewegt und befreit: „Wo aber der Geist des Herrn ist, da ist Freiheit." (2. Korinther 3,17 – siehe auch Römer 8,10f.)

Im Buddhismus wäre an die Bedeutung von Atman und Brahman zu erinnern. Zur Symbolik des Geistes hat sich auch C. G. Jung geäußert. Für ihn ist die psychische Erscheinung des Geistes archetypischer Natur. So heißt es

z. B. in der Schrift *Zur Symbolik des Geistes im Märchen* (GW 9/1 §389):

*Entsprechend der ursprünglichen Windnatur des Geistes ist letzterer stets das aktive, beflügelte und bewegte sowohl wie das belebende, anregende, aufreizende, anfeuernde, inspirierende Wesen. Der Geist ist, modern ausgedrückt, das Dynamische, und darum formiert er den klassischen Gegensatz zum Stoff, nämlich zu dessen Statik, Trägheit und Unbelebtheit. Er ist in letzter Linie Gegensatz zwischen Leben und Tod.*

Nein, nichts ist unmöglich, und der Glaube war immer wieder mal in der Lage, Berge zu versetzen. So wird es bei allen Bewegungen darauf ankommen, wes Geistes sie sind – wie gesagt, ob sie dem Leben dienen – nicht nur dem Überleben in einer bedrohten Welt, sondern einem „guten" erfüllten Leben, in dem alle Raum zur Entfaltung ihrer Möglichkeiten finden.

**Literatur:**
Degrowth in Bewegung(en): www.degrowth.de
*Ekhardt, F. (2017):* Wir können uns ändern. München: oekom verlag.
*Kern, Th. (2008):* Soziale Bewegungen. Ursachen, Wirkungen, Mechanismen. Wiesbaden: VS Verlag für Sozialwissenschaften.
*Rucht, D. / Neidhard, F. (2001):* Soziale Bewegungen und kollektive Aktionen, in: Joas, H.: Lehrbuch der Soziologie. Frankfurt am Main: Campus.
*Welzer, H. (5. Auflage 2015):* Selbst denken. Eine Anleitung zum Widerstand. Frankfurt: S. Fischer.

**Johannes Dürr**
Pfarrer i.R., Tübingen, geb. 1946, Studium der Kirchenmusik in Esslingen und der Theologie in Tübingen, Göttingen und Mainz, Musikrepetent am Evang. Stift Tübingen, Gemeindepfarrer in Burladingen, Esslingen und Ditzingen, seit 2015 Landesvorsitzender der Evang. Akademikerschaft in Württemberg.

**„Der Wind hat ihn in seinem Bauch getragen.“**
In diesem Bild und Zitat aus einem alchemistischen Text (M. Maier, Atalanta fugiens,
1617) wird der „Stein der Weisen“ im Bauch des Windes als Embryo dargestellt.

Der Wind ist ein dynamisches Symbol des schöpferischen Geistes. Er bewegt den
Menschen durch begeisternde Visionen, Inspirationen, Einfälle, Gedanken, Ideen, Fantasien, Intuitionen. Und der Geist scheint die Energieform zu sein, um die es beim Stein
der Weisen ganz besonders geht. Denn ohne bewussten Geist wäre die Welt wohl auch
vorhanden, aber niemand wüsste davon, niemand könnte das Wunder des Lebendigsein
erkennen und feiern.

„Der Wind bläst, wo er will, und du hörst sein Sausen wohl; aber du weißt nicht, woher
er kommt und wohin er fährt. Also ist ein jeglicher, der aus dem Geist geboren ist.“
(Johannes 3, 7-9)

# Bewegt bewegend

## Gedanken zum Thema Frauenbewegung – was hat sich verändert, was ist geblieben?

Sigrid Voss



Alles in Bewegung. Lassen Sie sich dennoch für ein kurzes Stündchen in das Wohnzimmer einer amerikanischen Familie führen. Eltern und Kinder sitzen am Esstisch. Alle schauen auf die Mutter, die eine Kuchenplatte mitten auf den Tisch stellt. Nun fragt sie: „Who would like to have a piece of this cake?" Da ruft das jüngste Kind ganz schnell: „Me!" und die beiden größeren ihm hinterher: „Me too!" „Me, too!" Sicherlich hat der Sonntagskuchen für alle befriedigend gereicht, damals, sagen wir mal 1958 – als die Mutter besonders in der Werbung als Familienmanagerin eingesetzt wurde.

Seitdem sind sechzig Jahre vergangen, und wir sind mitten in der #metoo-Debatte. #Me-Too wurde weltweit zu einem Tribunal auf prominenter Ebene, gegen Männer, welche die berufliche Abhängigkeit von Frauen sexuell ausnutzten. Aber trotz aller Pro und Contra hat #Me Too auch eine solidarisierende Reaktion ausgelöst, für weitere Schritte in die Bewusstwerdung von perverser Ungleichheit, in anderen Ländern, in anderen Religionen, in Organisationen und Institutionen.

Frauenbewegung – hinter diesem gängigen Begriff steht eine lange Geschichte, die erinnert werden muss. Drei Frauen, jeweils ihrem Ort und ihrer Zeit zugeordnet, sollen hier für die unendliche Fülle anderer Streiterinnen stehen, alle auf dem Weg, gewisse Ungleichheiten als Ungerechtigkeit zu erkennen und zu Gleichheit als Gleichberechtigung zu führen. In den ausgewählten Beispielen wird der biografische Aspekt Teil der frauenspezifischen emanzipatorischen Bedeutung sein.

Christine de Pizan und ihr Sohn Jean de Castel
(www.wikimedia.org)

### Christine de Pizan – eine bewusste Frau in der Krise des Spätmittelalters

Die Epoche des ausgehenden Mittelalters war bestimmt von Dauerkriegen, Rückkehr der Pest, Hungersnöten, Aufständen. Christine de Pizan lebte zwischen 1365 und 1430; einer Familie des italienischen Landadels entstammend, erlebte sie Kindheit und Jugend in Paris mit Nähe zum Königshof und heiratete als Fünfzehnjährige einen königlichen Beamten. Aus dieser Ehe, von ihr mit zärtlichen Begriffen umschrieben, gehen drei Kinder hervor. Nach zehn Jahren wird sie zur Witwe:

*Nun musste ich auf einmal selbst Hand anlegen, ich, die Verwöhnte und Behütete, die dies*

*alles nicht gelernt hatte. – Von meinem Äu-
ßeren und meiner Kleidung konnte man nur
schwerlich auf die Last meiner Sorgen schließen; unter meinem pelzgefütterten Mantel
und meinem abgeschabten scharlachfarbenen
Überwurf verspürte ich doch nur allzu oft
Angst und zitterte sehr ...*

Sie arbeitet in der Buchherstellung und als
Kopistin, um Geld zu verdienen. Erste Bewusstwerdung ist überliefert:

*Da ich nun einmal als Mädchen das Licht der
Welt erblickt hatte, war es nicht vorgesehen, mich
von den Wissensschätzen meines Vaters profitieren zu lassen ... Ich griff nach schönen gewichti-
gen Büchern und sagte mir, ich würde das in der
Vergangenheit Versäumte schon noch nachholen.*

Und sie macht sich auf:

*Deshalb beschritt ich also den Weg, den mir
Natur und Veranlagung wiesen, den des lei-
denschaftlichen Lernens und Studierens.*

Um 1394 beginnt Christine zu schreiben. Ein
Gedichtzyklus entsteht, wird der jungen französischen Königin Isabeau von Bayern über-
reicht, von der sie sich materielle Unterstützung erhofft. Ihrem berühmtesten Buch *Stadt
der Frauen* gegen 1404, liegen drei Vorstellungen zugrunde: *Frau Vernunft*, mit Blick auf die
Herrscherinnen, wissenschaftlich, künstlerisch
und lebenspraktisch begabt - *Frau Recht-
schaffenheit* mit Blick auf breite Bildung – *Frau
Gerechtigkeit* mit Blick auf Sprache, gegen
mittelalterliche Redeverbote, um neue Wirk-
lichkeiten zu schaffen. Christine de Pizan wird
ihre eigene Verlegerin, mit Kopisten und Ko-
pistinnen im eigenen Kleinbetrieb. Ob sie damit gut überleben konnte, bleibt offen, aber sie
stellt gegen Ende fest, dass die Eleganz der
Bücher zugenommen habe, *weshalb man Geschriebenes hoch schätzen und nicht verach-
ten soll* (Zimmermann, 2002).

Hedwig Dohm um 1870 (www.wikimedia.org)

### Die Forderung nach Gleichberechtigung

„Die Frauen dürfen nicht auf die Hilfe von Männern warten", sagte Clara Zetkin 1911. Dennoch muss unser erinnernder Blick bei den
Männern anfangen, geht zurück zur Französischen Revolution. Jean-Jacques Rousseau
(1712–1778) ist ihr Vordenker mit seiner Arbeit
am *contrat social*, 1762. Eine selbstgegebene
Ordnung als *volonté général* bindet alle Menschen, und gegen den absolutistischen Macht-
staat gewinnt diese legitime Gemeinschaft eine
höhere Stufe von Gleichheit und Freiheit. Paris
erklärt im Jahr 1789 die Menschen- und Bür-
gerrechte, aber einbezogen sind ausschließlich
die Männer, wenngleich Frauen die Rechte der
*Déclaration* auch bald für sich einforderten. Zunächst vergeblich, aber diese aufklärerischen
Gedanken werden mitgenommen ins 19. Jahrhundert. In der bekannten deutschen Salonkul-
tur haben manche Frauen dies als befreiendes
Gedankengut nutzen können.

Die Dokumentation *Frauenemanzipation im deutschen Vormärz* stellt fest, dass der eigentliche Beginn der Frauenemanzipation das Jahrzehnt vor der Achtundvierziger Revolution gewesen sei. Die Herausgeberin betont, dass sich schon in diesem frühen Stadium „zwei unterschiedliche Tendenzen erkennen lassen, die auch heute noch die Hauptdivergenzen zwischen der traditionellen und der autonomen Frauenbewegung ausmachen". Damals wurde diskutiert: die Ehe als *Bestimmung* versus *Fessel* und die Berufstätigkeit ausschließlich im *pflegerisch-pädagogischen Bereich* versus *Recht auf alle Erwerbstätigkeit*. (Möhrmann, 1978)

**Hedwig Dohm – eine mutige Frau im 19. Jahrhundert**

Sie lebte von 1831 bis 1919, geboren als elftes von 18 Kindern. Sie hatte durch eine frühe Ehe mit Ernst Dohm, einem Vertreter der politischen Satire, sowie dem gemeinsamen Leben in Berlin die Chance bekommen, in bürgerlich-aufklärerische Kreise zu kommen, und gilt heute als frühe Theoretikerin der Frauenfrage. So forderte sie als eine der ersten das Frauenwahlrecht, schrieb gegen den Krieg, als *Missbrauch des Todes* und reagierte scharfzüngig auf männlich-misogyne Veröffentlichungen, im Stil von: Das Weib ist keine Persönlichkeit, sondern ein Nebenumstand der Schöpfung, eine vorübergehende Erscheinung ... in den Zeiten der Menstruation unzurechnungsfähig, an Körper und Geist völlig zerrüttet und in Aufruhr gebracht, einem periodischen Raptus verfallen. Hedwig Dohm antwortet:

*Raptus hin, Raptus her: Meine Köchin kocht, meine Näherin näht, meine ältere Tochter unterrichtet, eine jüngere ist eifrige Lernerin, die Schauspielerin spielt, die Telefonistin telefoniert, die Frauenrechtlerin hält einen Vortrag: Und niemand ahnt etwas von den fürchterlichen, ans Irrenhaus streifenden Zuständen dieser traurigen Geschöpfe.*

Mit ihrer Schrift *Die wissenschaftliche Emancipation der Frau* von 1874 fordert sie die Zulassung zum Medizinstudium. Eine Woche vor ihrem Tod entsteht ihr letzter Text *Auf dem Sterbebett*. Hier schreibt sie über die Militärs des 1. Weltkrieges:

*Von einigen zufälligen Machthabern lassen sie sich ihre Schicksale aufzwingen ... marschieren dümmlich jauchzend in ihre offenen Gräber, und glühender Patriotismus soll sie treiben, ihre Bajonette in die Leiber der Feinde zu stoßen.*

Dohm, 1977

**Sojourner Truth – eine Frau jenseits des Atlantiks and A Northern Slave**

Sie lebte zwischen 1797 und 1883. Zunächst als Isabelle, wurde sie als Tochter in einer großen Kinderschar versklavter Eltern auf einer Farm, nahe New York, geboren und war im

Sojourner Truth um 1866 (www.wikimedia.org)

Besitz holländischer Siedler, die sie an ihren Sohn vererbten. Bei dessen Tod wurde sie im Alter von neun Jahren zur Auktion freigegeben. Hatte sie bis dahin wohl holländisch gesprochen, musste sie nun englisch verstehen, verstand sie die Anweisungen nicht, setzte es Peitschenhiebe.

Ein zweiter Weiterverkauf gestaltete sich humaner, dennoch erlebte sie nach einer verbotenen Liebe die Zwangsheirat und gebar fünf Kinder. Flucht mit 29 Jahren zu einem Quäker, der sie freikaufte. Allerdings durfte sie nur ausschließlich als Hausangestellte arbeiten. Aus der Sklavin Isabelle ohne Nachnamen, wird sie zu Sojourner Truth, konvertiert zum Christentum, wird Wanderpredigerin, predigt während des Amerikanischen Bürgerkrieges gegen rassistische Ungerechtigkeit und verhilft entflohenen Sklavinnen zu Unterkunft und Arbeit.

Die Mitglieder einer religiösen Gruppe machen sie vertraut mit abolitionistischen und feministischen Vorstellungen. Sojourner lernte wohl nie Schreiben und Lesen, wurde aber bald bekannt als Aktivistin, welche eine überzeugende Verbindung zwischen afroamerikanischen Sklaven- und Frauenrechten darstellen konnte: Abschaffung der Sklaverei und Einführung des Frauenwahlrechtes.

*Ain't I a woman?* Berühmt ist die Rede dieser Frau während der Woman's Rights Convention im Jahr 1851 – wohl widersprüchlich überliefert:

*Look at me – ich konnte genau so viel arbeiten und essen wie ein Mann und ertragen die Peitsche genau so tapfer. Bin ich denn keine Frau? Ich habe fünf Kinder geboren, fast alle wurden in die Sklaverei verkauft, und als ich laut weinte in meinem mütterlichen Schmerz, hört mich niemand als Jesus. Ain't I a woman? – Männer sagen, Frauen können nicht so viele Rechte haben wie Männer, weil Christus keine Frau war. Woher kam euer Christus? Von Gott und einer Frau! Männer hatten nichts damit zu tun. Obliged to you for hearing me, and now old Sojourner ain't got nothing more to say.*

Clara Zetkin und Rosa Luxemburg auf Weg zum SPD Kongress 1910 (www.wikimedia.org)

In den USA erinnert man sich ihrer mit einer kleinen Briefmarke, einem Gedenktag und einer Büste am Kapitol. (Wikipedia)

**Frauen – auf dem Weg ins 20. Jahrhundert**
In ihrer Arbeit *Die neuen Frauen – Revolution im Kaiserreich 1900-1914* berichtet Barbara Beuys sehr spannend über das Leben jener Frauen, deren Namen im beginnenden 20. Jh. die weiterführende Frauenfrage mitbestimmten: Gertrud Bäumer, Helene Lange, Asta Nielsen, Clara Zetkin, Paula Modersohn-Becker, Else Lasker-Schüler, Karen Horney ...

Frauen wurden berufstätig, studierten, sie schlossen sich offiziell oder inoffiziell, mit beruflichem oder persönlichem Interesse zusammen. Frauenwohl, Bildung und Studium, Stimmrecht, Literatur und selbst schreiben, wurden die bestimmenden Themen.

Im Januar 1900 tritt das neue BGB in Kraft: Die Söhne werden mit 24 Jahren aus der Vormundschaft des Vaters entlassen, die Töchter mit 26 Jahren. Aber der Ehemann hat innerhalb der Familie weiterhin das letzte Wort ... ist berechtigt, den Arbeitsvertrag seiner berufstätigen Frau ohne Einhaltung einer Kündigungsfrist zu kündigen ... hat allein das Verwaltungs- und Nutznießungsrecht am Vermögen seiner Frau. Die Autorin stellt für den beginnenden Ersten Weltkrieg fest:

*Eine Demokratie war das Kaiserreich nicht, aber auch keine straff ausgerichtete Diktatur, wie der spätere NS-Staat, der im Zweiten Weltkrieg seine Mutterkreuzideologie bei Seite schob, 1942 alle Frauen zur Arbeit in der Rüstungsindustrie verpflichtete und diese Verordnung 1943 und 1944 noch verschärfte.*

Beuys, 2014

## Frauen – zwischen Zusammenbruch und neuer Ordnung

Über die gewohnte Geschichtsschreibung hinaus illustriert die Dokumentation *Frauen der ersten Stunde 1945 – 1955* sehr bewegend die Rolle der Frauen in der Nachkriegszeit:

*Frauen haben Trümmer und Schutt beiseite geräumt und Ruinen notdürftig bewohnbar gemacht, sie sind kilometerweit hamstern gefahren und haben sich stundenlang um Lebensmittel angestellt. Sie haben in Wohnungen Kleintiere gehalten und aus Wäldern Heizmaterial geholt ... haben neue Arbeit und Verantwortung übernommen ... haben für Organisationen wie Gewerkschaft und Parteien Initiative ergriffen.*

Die stillen Heldinnen in einer verführten und missbrauchten Nation, die so auf ihre Weise alles auf den Weg brachten, persönlich ins Wirtschaftwunder, allgemein in die westliche Allianz (Federspiel, 1985).

Was gilt es zudem festzuhalten? Frauen erhielten 1918 das aktive und passive Wahlrecht (Art.109, Abs. 2 der Weimarer Verfassung). Im Grundgesetz der neuen BRD wurde 1949 in Art.3, Abs. 2 nach heftigen Widerständen durchgesetzt „Männer und Frauen sind gleichberechtigt". Auf der Zweiten Internationalen Konferenz kommunistischer Frauen, 1921, wurde der Internationale Frauentag auf den 8. März festgelegt.

## Frauen – auf der Zielgeraden zur Gleichberechtigung

Im Sommer 2018 bot die Frauenzeitschrift Brigitte einen Artikel an: *Die 70er – Der lässige Stil – die Botschaft: Wir sind tough!* Da darf man fragen, tough, für was? Welche Rolle spielten die Frauen 1968? Der *Aktionsrat zur Befreiung der Frauen* kritisierte, als Ausdruck der autonomen Frauenbewegung, am SDS die ungebrochene hierarchische Geschlechterordnung. Wer erinnert sich noch?

Einen eher differenzierenden Eindruck erhält man bei entsprechender Lektüre „*Das andere Achtundsechzig – Gesellschaftsgeschichte einer Revolution*".

Die Autorin C. von Hodenberg überblickt nun die vergangenen fünfzig Jahre und stellt fest, dass sich die weibliche Revolte wohl zu allermeist in der privaten Sphäre zugetragen habe und dass progressive Inhalte oft auf Fragen zu sexueller Autonomie, Abtreibung und Vergewaltigung reduziert worden seien. Gretchen Dutschke-Klotz erinnert sich:

*Ich wollte selbstständig sein, mein Leben und meine Identität nicht durch Rudi bestimmen lassen. Offensichtlich begriff ich damals nicht, wie sehr er mein Verhalten nicht verstand.*

Einzelaktionen wie Tomatenwerfen und Stricken waren bedeutungslos angesichts der Ziele „sozialistische Revolution und Kampf gegen die Notstandsgesetze!" Zwar nicht mehr ausschließlich wurden KINDER und KÜCHE als weibliche Bestimmung angesehen, aber lange in die folgenden Jahre hinein bestimmte doch noch jene traditionelle, allem zugrunde liegende Haltung das Bewusstsein, welche besagt: Jungen und Männer arbeiten immer für den Unterhalt! Mädchen und Frauen nur bedingt im Hinblick auf Versorgung der Kinder! Trotz Kinderläden und langer Diskussionen wegen Mithilfe im Haushalt.

Dieser differenzierende Blick auf die 68er und 70er verändert die Bewertung und

*... legt ein andersartiges Generationskonzept nahe, bei dem lebensverändernde Erfahrun-*

Alice Schwarzer, 2009 (www.wikimedia.org)

*gen unmittelbar generationsstiftend werden – auch in der Privatsphäre angesiedelt – Die Erfahrung der langen sechziger Jahre steht dann im Mittelpunkt, statt der Rede darüber.*

Kommt hier mit der Verbindung zwischen einer persönlichen, biografischen Grundlage und einer Politik als Geschehen auf allen darüberliegenden Ebenen das Spezifikum weiblicher Revolte zum Ausdruck? Fazit von C. von Hodenberg: Die Frauenbewegung nahm und nimmt sich Zeit! Und bringt etwas erfolgreich in Bewegung.

1949 tritt das Grundgesetz in Kraft und garantiert allen Bürgern des Landes mit seinen 19 Grundrechten ihre Schutz- und Freiheitsrechte. 1961 kommt mit Anovlar die erste Antibabypille auf den Markt. Damit ist für Frauen, legal und medizinisch abgesichert, eine ganz neue Möglichkeit entstanden, Ausbildung, Beruf und Familienplanung für sich autonomer zu gestalten. 1976 tritt eine geänderte Fassung des § 218, die Indikationsregelung, in Kraft. 1977 führt die Ehescheidungsreform das Zerrüttungsprinzip ein und löst das Schuldprinzip ab. Frauen müssen für den Eintritt in einen Beruf nicht mehr die Erlaubnis ihrer Männer einholen.

**Der Blick nach innen – als Blick nach unten**
Gleichberechtigung erreicht! Aber was bedeuten nun unsere jüngsten Erfahrungen mit #MeToo in allen seinen Variationen? Ich mache mich auf die Suche nach feministischen Bewegungen im deutschen Islam. In einem Interview mit einer Vertreterin des Liberal-Islamischen Bundes, der sich verstärkt für mehr Geschlechtergerechtigkeit einsetzt, sagt diese:

*Der Druck für das Kopftuch, für die Unterordnung gegenüber dem Mann ist immens groß.*

Über den klassischen Feminismus in Deutschland sagt sie:

*Ich respektiere Alice Schwarzer, die viel für Frauenrechte erstritten hat. Es gibt bei ihr nur einen Denkfehler: Feminismus fordert freie Selbstbestimmung der Frau, während Schwarzer für Frauen Bedingungen formuliert: zum Beispiel auf das Kopftuch zu verzichten!*

Wie mühselig ist es, mit einem islamisch-kulturellen Hintergrund aus der provozierenden Abgrenzung in die Integration hineinzuwachsen, zwar niemals einfach sich unterordnend angepasst, wohl aber kritisch, offen und neugierig. Dieses Wechselspiel zwischen außen und innen, zwischen den anderen und mir persönlich, hat C. G. Jung in seiner Definition zum Schatten treffend formuliert:

*…ein Mensch weiß, dass, was immer in der Welt verkehrt ist, auch in ihm selber ist, und wenn er nur lernt, mit seinem eigenen Schatten fertig zu werden, dann hat er etwas Wirkliches für die Welt getan.*

C. G. Jung, GW 11, §141

Und an anderer Stelle:

*Es hat eben etwas Furchtbares an sich, dass der Mensch auch eine Schattenseite hat, welche nicht nur aus kleinen Schwächen und Schönheitsfehlern besteht, sondern aus einer geradezu dämonischen Dynamik.*

C. G. Jung, GW 7, §35

#MeToo hat die Spitze eines Eisberges aller Welt deutlich gemacht. Freie Schulen, Wohlfahrtseinrichtungen, weltweite Kirchen, Hochschulen, ein höchst renommiertes psychoanalytisches Ausbildungsinstitut ... auf der Grundlage von kontrollierenden Richtlinien im Angebot und immer von Fachleuten bedient ... sind in heftige Kritik gekommen, schleichend, verharmlosend, verdeckend mit kleinen bis überbordenden Grenzverletzungen umzugehen!

#MeToo ist aussagekräftig: Kinder und Frauen waren und sind die Opfer von Männern, und die Frauen haben begonnen, sich zu wehren, indem sie anklagen. Frauen bleiben damit allerdings letztlich die Schwachen. Wie kann es heute zwischen den beiden Teilen der Menschheit, zwischen Männern und Frauen persönlich und öffentlich, im Erfahren von Licht und Schatten, von Schwäche und Stärke zum Ausgleich kommen?

In der jüngst erschienenen Schrift *Die potente Frau* stellt sich die Autorin S. Flaßpöhler diesen gewaltigen zukunftsoffenen Zusammenhängen.

*Was Männlichkeit und Weiblichkeit unterscheidet, ist die unbestreitbare Exklusivität ganz bestimmter, leiblich gebundener Erfahrungen sowie die faktische Unmöglichkeit, sich den Erfahrungsraum des jeweils anderen Geschlechtes vollständig zu erschließen ...*

Die leibliche Erfahrung mit Vulva versus leibliche Erfahrung mit Penis ist naturgegeben, aber daraus zu schlussfolgern, Männer seien offensiv und aktiv und Frauen defensiv und passiv ist falsch.

*Was die Frau historisch auf die Position der Schwäche verbannt hat, war nicht die Natur, sondern eine tief sitzende Angst: die männliche Furcht vor der potenten Frau ... Anstatt den Mann für seinen Willen zu hassen, befreit sie den ihren aus der jahrhundertelangen Latenz.*

Flaßpöhler, 2018

Aus der Definition in den Auftrag an die Frauen: Ich bin Ich, aber nicht für dich, so können wir zusammen etwas erreichen, nämlich der Welt zu begegnen, gleichermaßen mit weiblicher und männlicher Energie. Spielerisch zum Ausdruck gebracht könnte das heißen: #ICHduwirICH – sprich – #MEyouusME.

Frauen in der ganzen Welt, über die Kontinente hinweg, haben sich mit diesen Gedanken auf den langen eigenen Weg gemacht.

**Literatur**
*Beuys, B. (2014):* Die neuen Frauen – Revolution im Kaiserreich 1900 – 1944. München: Hanser.
*Dohm, H. (1977):* Emanzipation. Zürich: Ala. *Federspiel, K. (1985):* Frauen der ersten Stunde 1945–1955. Wien: Europaverlag.
*Flaßpöhler, S. (2018):* Die Potente Frau. Berlin: Ullstein
*Hodenberg von, C. (2018):* Das andere Achtundsechzig. München: Beck.
*Möhrmann, R. (1978):* Frauenemanzipation im deutschen Vormärz. Stuttgart: Reclam.
*Zimmermann, M. (2002):* Christine de Pizan. Hamburg: Rowohlt.

**Sigrid Voss**
Analytische Kinder- und Jugendlichen-Psychotherapeutin, Esslingen, Dozentin und Supervisorin am C. G. Jung-Institut in Stuttgart.

# Männerbewegung wohin?

## Versuch einer Bestandsaufnahme

Walter Hollstein

Unter dem Begriff *Männerbewegung* versteht man seit circa 50 Jahren ein soziales Gebilde, das sich der Probleme von Jungen und Männern annimmt und für deren Veränderung eintritt. Die Männerbewegung ist historisch die Antwort auf die Frauenbewegung. Da die Frauen in den Siebziger Jahren des 20. Jahrhunderts gegen ihre unterprivilegierte Stellung in der Gesellschaft rebellierten, hielt es die damalige Männerbewegung für geboten, sich mit den Frauen zu solidarisieren und ihren Kampf zu unterstützen. Der prominente englische Männerforscher Jeff Hearn verlangte ausdrücklich, dass eine Männerbewegung in ihrer Praxis pro-feministisch zu sein habe; in seinen *fünf Prinzipien für eine kritische Männerforschung* forderte er explizit eine feministische Sichtweise. Da die profeministische Männerbewegung ihr Engagement primär auf die damalige Problemlage der Frauen richtete, war sie auch nicht bereit, die Einschränkungen der traditionellen Männerrolle für ihre Träger selber zur Kenntnis zu nehmen und für deren Veränderung einzutreten.

Diese Einseitigkeit hatte Folgen. Was zunächst in den USA geschah, fand seine Wiederholung in unseren Breitengraden: Die Versäumnisse der pro-feministischen Männerbewegung, die sich später selber als „antisexistische" Männerbewegung bezeichnete, wurden von den sog. Männerrechtlern (z. B. Richard Doyle, Fred Hayward, später: Warren Farrell) aufgegriffen, die sich zunächst vor allem Diskriminierungen von Männern im Scheidungs- und Sorgerecht annahmen. Zusätzlich entwickelte sich eine emanzipatorische Männerbewegung (z. B. Herb Goldberg, später: Robert Bly), der es um eine männer-solidarische Befreiung aus der traditionellen Männer-Rolle von Härte, Kampf, Wettbewerb und Pokerface ging.

Die pro-feministische Männerbewegung hat im Laufe der Jahre stark an Gewicht und Einfluss verloren; sie ist allenfalls in akademischen Zirkeln und in der Geschlechterforschung der Hochschulen noch von Bedeutung. Männerzentren, die sich einseitig auf ein pro-feministisches Bekenntnis festgelegt hatten, sind inzwischen nahezu völlig verschwunden. Stark gewachsen ist indessen die sog. Männerrechtsbewegung, die sich in Deutschland in einzelnen, zumeist lokalen Interessengruppen manifestiert, vor allem aber in den vielen Internet-Foren von Männerrechtlern. Eine sachliche Auseinandersetzung zwischen den „Lagern" ist bisher nicht erfolgt. Die Männerrechtler werten pro-feministische und häufig auch emanzipatorische Männer als „lila Pudel"; die pro-feministischen Männer schieben die Männerrechtler in die „rechte Ecke", wie das etwa die Journalisten Thomas Gesterkamp oder Julian Dörr tun und im Hochschulbereich Rolf Pohl, Hinrich Rosenbrock oder Toni Tholen.

Wichtig wäre es indessen, die Dinge etwas genauer zu betrachten und vor allem selbstkritischer, insofern pro-feministische oder antisexistische Standpunkte vertreten werden: Das männliche Apriori-Engagement für den Feminismus bewirkt, dass die Prämissen, Ergebnisse, Dogmen und Forderungen der Frauenbewegung vorbehaltlos übernommen werden.

Die Konsequenz davon ist, dass die Lebensbedingungen und die Bedürfnisse von Männern gar nicht erst zur Kenntnis genommen, geschweige denn empirisch überprüft werden.

Geradezu erschreckend ist dabei die völlige Empathielosigkeit gegenüber dem eigenen Geschlecht. Eine normale Selbstliebe, die als eben normale ja weder narzisstisch noch unkritisch zu sein hat, ersetzen die Profeministen durch Selbsthass und diffuse Schuldgefühle gegenüber den Frauen; alles Negative wird auf Männer projiziert, alles Positive auf Frauen.

Es fehlt die grundlegende Selbstakzeptanz, sich erst einmal als Mann anzunehmen und darüber auch den nötigen Respekt für das eigene Geschlecht aufzubringen. Gewiss gibt es Ausnahmen wie zum Beispiel den englischen Sozialwissenschaftler Victor Seidler, der sich auch nicht scheut, seine persönliche Geschichte mit seinem objektiven Arbeitsthema „Männlichkeit" zu verbinden und diese Verknüpfung zum Beispiel in seinem Buch *Man Enough* offen darzulegen.

Auch im deutschsprachigen Raum versuchen Männer ihr feministisches Soll zu erfüllen. Der Rowohlt-Verlag gab eine Reihe *Mann* heraus, deren Editorial mit folgendem Paukenschlag begann: *Der Mann ist sozial und sexuell ein Idiot.* In Anlehnung an seinen amerikanischen Kollegen John Stoltenberg, der ein Buch geschrieben hat mit dem Titel, dass er *sich weigert, ein Mann zu sein* (*Refusing to be a Man*), forderte Volker Elis Pilgrim den „Untergang des Mannes". Sich selber hat Pilgrim nur vor dem eigenen Ende gerettet, indem er sich „den Frauen gewidmet" hat. Er hat von ihnen gelernt, „was ich gemeinhin als Mann in dieser Gesellschaft nicht habe, was für mich aber einen hohen Wert für die Ausbildung zum Menschen bedeutet". Auch das feministische Verständnis von Männergewalt wird ungeprüft übernommen.

Manchmal scheint es, als stünden solche Männer unter dem inneren Druck, das feministische Soll mit eigener, männlicher Selbstverleugnung noch übertreffen zu wollen. Nun ist Selbstkritik eine Sache; in der Tat ist es überaus wichtig, dass Männer endlich in der Geschichte ihrer eigenen Männlichkeit prüfend, forschend und vergleichend entgegentreten; aber die andere Sache ist die der Misandrie, wenn Männer das eigene Geschlecht nieder-

studie III, nurejew, 1995, verona marmor. Konrad Winzer: bis ich ruhe in dir. das bildhauerische werk. winzer-verlag, lörrach 2005

machen, ankreiden und geißeln und dabei in vorauseilendem Gehorsam zum Teil noch den Männerhass von Vulgärfeministinnen zu übertreffen suchen.

Schon makaber ist in diesem Zusammenhang, wenn der reputierteste Männerforscher der zeitgenössischen Welt, Robert W. Connell,

2007 offiziell zur Frau mutiert und sich fortan Raewyn nennt. Wenn jemand wie Connell die Geschlechterdebatte auf Männerseite so sehr bestimmt, wie er das über nahezu zwei Jahrzehnte getan hat, und das Männerthema als Gutachter bei der UNO vertritt, ist solche Transsexualität dann auch nicht mehr einfach nur ein persönliches Schicksal, sondern sie ist ein nachträglicher Beleg für die latente Männerfeindlichkeit, die das Schaffen pro-feministischer Männer generell prägt.

Connell bedauert, dass die emanzipatorische Männerbewegung – z. B. die Gruppen von Robert Bly – mehr Zulauf findet als die pro-feministische. Nur übersieht Connell dabei, dass sich die sog. „Antisexisten" ihre periphere Stellung selber zuzuschreiben haben, weil sie niemals bereit waren, sich der subjektiven Bedürfnisse der Männer und auch deren objektiver Notlagen anzunehmen.

Betrachtet man einmal genau und kritisch, was Connell selber als Veränderungsziele und -strategien für Männer anbietet, so ist deren Hilflosigkeit schon nachgerade peinlich: Unterstützung der Aids-Politik, „Austritt aus der Männlichkeit", „Delegitimierung des Patriarchats", Solidarität mit dem Feminismus und Lehrpläne für Jungen, die sich nach den Interessen der Mädchen richten. Ziemlich identisch sind im deutschsprachigen Raum die Forderungen des Berliner Jungen- und Männerprojekts *Dissens*.

Wer so etwas formuliert, der muss sich schon ernsthaft fragen lassen, inwiefern ihm die Veränderung von Jungen und Männern ein wirkliches Anliegen ist. Dass Männer als Männer eigene Bedürfnisse und Interessen haben (könnten), kommt Connell und seinen Befürwortern erst gar nicht in den Sinn. Inhaltslosigkeit und Praxisferne dieser Vorschläge sind wahrscheinlich nicht einmal zufällig, sondern Ausdruck des frauenzentrierten Denkens von Connell. Seine/ihre Kapitulation vor der Frau als universaler Größe gibt sich axiomatisch. Dabei wird alles aufgekündigt, was die eigene Geschlechtsidentität als biographische Geschichte, Selbstliebe, Selbstrespekt, Würde und Stolz eigentlich beinhalten sollte.

Das Ganze – in seiner politisch-pädagogischen wie persönlichen Auswirkung – ist auch ein Beispiel dafür, wie alltäglich die Diskriminierung des männlichen Geschlechts inzwischen geworden ist. Der irische Psychiater Anthony Clare merkt an, dass heute „der Zustand der Männlichkeit von verschiedenen Kommentartoren des Zeitgeschehens als eine Art Abweichung, ja, als pathologisch beschrieben" wird. *Dieselben Eigenschaften, die einen Mann ehemals zu einem richtigen Mann gemacht haben – logisch, diszipliniert, kontrolliert, rational, aggressiv – werden jetzt als Stigmata unerwünschten und potenziell pathologischen Verhaltens gesehen.* Ein aktuelles Beispiel dafür ist der Erlass von *Air France*, dass alleinreisende Männer nicht mehr neben Kindern sitzen dürfen; das stellt Männer unter den Generalverdacht von Pädophilie oder Schlimmerem.

Nehmen solche Zuschreibungen grundsätzlichen Charakter an, wie sie das heute tun, ist das ein Angriff auf die männliche Identität. Insofern ist es überaus fahrlässig, wenn Thomas Gesterkamp die zunehmende Misandrie in der Gesellschaft als „Verschwörungstheorie" abtut – zumal diese Männerfeindlichkeit von vielen wissenschaftlichen Untersuchungen belegt wird. Blendet die profeministische Männerbewegung solche Realität weiter aus, kann es nicht verwundern, wenn z.T. fanatische Männerrechtler starken Zulauf erhalten.

Eine Folge der Misandrie ist die zunehmende Orientierungslosigkeit von Jungen und jungen Männern. Die SINUS-Studie über die Lebensentwürfe von 20-Jährigen – im Auftrag der deutschen Bundesregierung 2007 erschienen – zeigt bei den jungen *Männern (anders als bei den Frauen) ein deutliches Leiden an der Komplexität, Unübersichtlichkeit und Dynamik der Gesellschaft.* Die Rollenerwartungen an die Männlichkeit sind für diese jungen Männer widersprüchlich und ambivalent, auf jeden Fall nicht mehr klar. *Männer heute befürchten, dass in Wahrheit die Frauen die wichtigen Entscheidungen fällen und sie, die Männer, gar nicht mehr brauchen.* Sie erkennen, dass Frauen sich positiv verändert haben, dass politisch und ökonomisch viel für Frauen getan wird, und sie respektieren das auch im Großen und Ganzen. Diese Veränderung hatte aber keine positiven Aspekte für Männer. Im Gegenteil: Männer sind heute nicht mehr nur in Bezug auf Berufswahl und Arbeitsmarkt verunsichert, sondern auch im Privaten haben sie alle Sicherheit verloren. Sie erkennen sich als vernachlässigt, zurückgedrängt, nicht mehr ernst genommen. Die Männer leiden in ihrer subjektiven Befindlichkeit und fühlen sich in der Defensive: Die Frauen schreiben das Drehbuch.

Dass dies und anderes (wie z. B. die zunehmende und signifikant höhere Arbeitslosigkeit von Männern im Vergleich zu Frauen) klare Indikatoren einer gegenwärtigen Krise von Männlichkeit sind, wird nicht nur von Connell, Kimmel u.a. bestritten, sondern auch im deutschsprachigen Raum eifrig wiederholt. Michael Meuser oder Michael Cremers von *Dissens* (z. B. in seinen Ausführungen: *Neue Wege für Jungs?!*) bewerten das „Krisengerede" als hinterlistigen Versuch der Männerwelt, ihre Privilegien zu bewahren.

Angesichts der Vielfalt krisenhafter Symptome schlägt die antisexistische Männerbewegung allen Ernstes „eine Strategie der praktischen Dekonstruktion von Geschlecht" vor. Im von der Bundesregierung geförderten Projekt *Dissens* ist der Name Programm: angestrebt ist der Bruch mit der bisherigen Männlichkeit. Konstruktiv heißt das dann z. B. – wie *Dissens* in seiner Schulbroschüre *Neue Wege für Jungs* darlegt –, dass Jungen am *Girl's Day* einen „Haushaltsführerschein" erwerben. Nun ist sicher nichts dagegen einzuwenden, wenn Jungen kochen, bügeln und putzen können. Dahinter steht aber die Ideologie, jungenhaftes Verhalten zu diskreditieren und Jungen ein Verhalten, das gesellschaftlich als mädchenhaft etikettiert ist, zu empfehlen.

Dekonstruktion und Dissens sind im Übrigen – wie alle Rezepte, die von einer Negation ausgehen – wenig attraktiv – zumal dann nicht, wenn als ausdrücklicher Gegenentwurf Jungen und Männer „nur" weibliche Eigenschaften und Tugenden angepriesen werden.

Das passt zu einer inzwischen Jahrzehnte alten Politik, Eigenschaften von Jungen „auszumerzen", wie es einmal eine Frauenministerin in NRW formuliert hat, und sie an Mädchen anzugleichen. Vor einigen Wochen stand in einer großen deutschen Sonntagszeitung die Klage einer Berliner Mutter über die Schulerfahrungen ihres sechsjährigen Sohnes. U.a. wurde da beschrieben, dass die Jungen im Fach Deutsch Bienengeschichten lesen mussten, im Kunstunterricht Schmetterlinge malen und beim Sport Schleiertänze aufführen. Da die Jungen dann ihren Unmut im Unterricht kundtaten, seien sie ständig vor der Tür oder im Sozialraum gelandet respektive mit Schulverweisen nach Hause gekommen. Dazu passt, was mir vor kurzem in einer Fortbildung ein Basler Lehrer erzählt hat. Die Rektorin, die seiner Schule neu vorsteht, hat als eine ihrer ersten Maßnahmen den Pausenhof umgestaltet. Der Bereich, der bisher Jungen zum Fußballspielen und Toben zur Verfügung stand, wurde in eine „Kommunikationsfläche" umgewandelt, weil Reden für Jungen angeblich „gesünder" ist als Toben.

Connell dekretiert dazu: „Die Dekonstruktion des sozialen Geschlechts bezieht sich nicht nur auf die gesellschaftliche Ebene oder auf Institutionen, sondern auch auf die körperliche Ebene, das erwählte Terrain der Hüter des Patriarchats." Das bedeutet im Klartext, dass die bis anhin gültigen Vorstellungen und Realitäten von Männlichkeit demontiert werden müssen. Nun sind sie das ja schon sowieso, und diesen Prozess auf nur destruktive Art noch zu intensivieren, ist schon konkrete Unmenschlichkeit abstrakter Wissenschaft, auch wenn das vielleicht in dieser Konsequenz nicht unbedingt so gemeint sein mag. Wenn man traditionelle Männlichkeit verändern will, was ja auch den Männern selber längerfristig zugute käme, darf man sie nicht einfach zerstören und die Männer orientierungslos in den Trümmern zurücklassen, sondern man muss Hilfen, neue Orientierungen und andere Lebensziele anbieten.

Paradoxerweise geschieht dies nun auf Seiten bestimmter (kritischer) Feministinnen, wie zum Beispiel Elisabeth Badinter und Christiane Olivier in Frankreich oder Christina Hoff Sommers und Betty Friedan in den USA oder in Deutschland bei *Mädchenmannschaft*. Susan Faludi weist auf die grundsätzliche Widersprüchlichkeit hin, dass Männer in den vergangenen Jahren ermutigt wurden, neue Lebensformen zu erkunden, wie zum Beispiel fürsorgliche Väter und/oder zärtliche und geschlechterdemokratische Partner zu sein; aber die objektiven Lebensverhältnisse seien von den politischen Entscheidungsinstanzen nicht so arrangiert worden, dass die Männer diese Entwürfe auch hätten umsetzen können.

Das eben war auch nie das erklärte Ziel der antisexistischen Männerbewegung.

Erschütternd ist in diesem Zusammenhang, wenn derart destruktive Lösungen wie Dissens oder Dekonstruktion angeboten werden, ohne sich der imminenten Gefahr bewusst zu sein, dass, wenn man das gesamte männliche Geschlecht entfestigt, dabei leichtfertig auch die ganze Gesellschaft destabilisiert.

Es muss noch weiter gedacht werden. Ein zureichendes Männerbild, an dem man sich orientieren und ausrichten kann, bietet Sicherheit und damit auch Zukunft. Ein in sich brüchiges oder gar zerbrochenes Männerbild – auch noch willentlich herbeigeführt – ist gleichbedeutend mit Zukunftslosigkeit und provoziert dann erst jene männlichen Exzesse, die man angeblich abschaffen will. Identität kann von ihren männlichen Trägern nur aufrechterhalten werden in der Gewissheit, dass es für sie auch eine sinnvolle Zukunft gibt. Dazu braucht es aber Wegweiser und Entwürfe, bei denen Jungen und Männer sich auch wiederfinden können.

**Anmerkung**

Dieser Artikel bezieht sich z.T. auf Gedanken, die ich in meinen beiden letzten Büchern *Geschlechterdemokratie* (2004) und *Was vom Manne übrig blieb* (2012) formuliert habe.

**Walter Hollstein**
Walter Hollstein (1939) Prof. für politische Soziologie i.R., Männerforscher, u.a. Gutachter des Europartes für Männerfragen; letzte Veröffentlichung: *Was vom Manne übrig blieb*, lebt in Riehen bei Basel.

# Migration als äußere und innere Bewegung

## Martin und Sabine Knoke

**Migrationsbewegungen gestern und heute**
Wanderungsbewegungen sind, so mag man angesichts der aktuellen medialen Aufmerksamkeit, des öffentlichen Diskurses und der politischen Auseinandersetzungen rund um die Themen Flucht und Migration vielleicht denken, ein relativ neues Phänomen. Dabei hat es sie immer schon gegeben. Man führe sich z. B. die Weite des einstigen römischen Imperiums vor Augen und die Völkerwanderung nach dessen Auflösung, die diesen Sachverhalt schon begrifflich zum Ausdruck bringt. Denkt man an den Austausch von Ideen im Mittelalter, die Seidenstraße als Verbindung zwischen Europa und China, die europäischen Entdeckungs- und Eroberungsfahrten seit dem 15. Jahrhundert, das Zeitalter des Kolonialismus oder die Auswanderungswellen nach Nord- und Südamerika, dann wird deutlich, dass interkulturelle Verflechtungen und die damit verbundene Migration schon seit jeher die Entwicklung und das Erleben der Menschheit beeinflusst haben.

Unter den Bedingungen einer zunehmend globalisierten Weltgesellschaft scheint sich derzeit eine neue postmoderne Form der Arbeitsmigration sowie der Gewalt- und Fluchtmigration zu entwickeln. In diesem Zuge ist sowohl die absolute Zahl an Migranten und Flüchtlingen, als auch ihr Anteil an der Weltbevölkerung stetig gestiegen, wobei dies vor allem für den Anteil der Flüchtlinge zu konstatieren ist, der zwischen 1965 und 2015 um 50% von 0,6% auf 0,9% gestiegen ist, während sich der Anteil der Migranten von 2,5% auf 3,5% steigerte. Migration und Flucht lassen sich insofern als relativ stabile Phänomene mit moderaten Zuwächsen beschreiben, die heute aber vermehrt in Deutschland wirksam werden.

Die Hintergründe dieser Wanderungsbewegungen sind so vielfältig wie die Menschen selbst. Sie reichen von der schieren Notwendigkeit aufgrund von Hungersnöten und kriegerischen Auseinandersetzungen über den Wunsch nach materiellem Wohlstand oder politischen und religiösen Freiheiten bis hin zum Streben nach Glück, wie es die Väter der amerikanischen Verfassung in ihrer *Declaration of Independence* in Aussicht stellten. Einerseits wirken also sogenannte Push-Faktoren, die in der ökonomischen, politischen und ökologischen Situation im Heimatland begründet liegen, andererseits geben Pull-Faktoren, wie zum Beispiel eine starke Wirtschaft mit Arbeitsmöglichkeiten, rechtliche und physische Sicherheiten oder auch soziale Netzwerke in die Zielländer, den Ausschlag für die Richtung der Migration. Und so darf es nicht überraschen, wenn Deutschland dauerhaft ein Zielland für Migration bleiben wird.

Statistisch und soziologisch werden diese Phänomene seit langem untersucht und diskutiert, so zum Beispiel in den regelmäßigen Lageberichten der Beauftragten der Bundesregierung für Migration, Flüchtlinge und Integration, zuletzt in der 11. Auflage im Dezember 2016, aber auch in vielfältigen wissenschaftlichen Publikationen. Weniger im Fokus der öffentlichen Debatte und auch der wissenschaftlichen Betrachtung sind demgegenüber die individuellen Schicksale, Migrationserfahrungen und Perspektiven, die in therapeutischen Settings oder auch im Kontext der sozialen Arbeit von Bedeutung sind:

- Welche Implikationen ergeben sich für das Identitätsgefühl und das Identitätserleben in der neuen Umgebung?
- Wie bewegt man sich im Spannungsfeld von Nähe und Distanz zur alten Heimat?
- Welche Emotionen lösen der Verlust des Vertrauten und die unbekannten Anforderungen des Lebens in einem neuen Kulturkreis aus?
- Wie kann man mit diesen Herausforderungen umgehen – sowohl aus der Sicht der Migranten und Flüchtlinge als auch aus der Sicht der aufnehmenden Gesellschaft?

Mit anderen Worten: Wie lässt sich der innere Weg beschreiten, der auf beiden Seiten unweigerlich mit der äußeren Bewegung verbunden ist?

**Identität und Migration**

Was macht das Identitätsgefühl eines Menschen überhaupt aus? Der Identitätsbegriff hat viele Facetten. Er bezieht sich auf das Gefühl der eigenen Individualität und Persönlichkeit, das Bewusstsein darüber, wer man ist und was einen ausmacht und umfasst auch das Streben nach Kontinuität dieses Erlebens.

Der Mensch möchte sich gleich sein und bleiben. Prozesse der Ich-Synthese sind immer wieder notwendig: Im Verlauf eines Lebens dürfen und müssen Veränderungen, Gewinne, Verluste erfahren und die dadurch ausgelösten Gefühle und Verunsicherungen ins eigene Ich-Erleben integriert werden. Auch die innere Solidarität mit den Verhaltensweisen und Idealen der Gruppen und Gemeinschaften, in denen ein Mensch lebt, oder auch deren Ablehnung sind ein wichtiger Teil des eigenen Identitätserlebens.

Erik H. Erikson beschrieb Identitätsbildung daher als lebenslangen Prozess, dessen Wurzeln in der frühen Bewusstseinsentwicklung der Kindheit gründen und dem in der Adoleszenz eine besondere Bedeutung zukommt, da es Aufgabe des Heranwachsens ist, das bis dahin erworbene Wissen über sich und die Welt in ein stabiles Kontinuum vergangener Erlebnisse, gegenwärtiger Erfahrung und zukünftiger Ziele zu integrieren. So, wie die Adoleszenz durch die voranschreitende Reifung und Entwicklung dem Jugendlichen innerhalb einer relativ kurzen Zeitspanne eine Fülle neuer Erlebnisqualitäten auf den unterschiedlichsten Ebenen ermöglicht (Körper, Geist, Beziehungen, um nur einige Beispiele zu nennen), sie aber auch zur Aufgabe ihrer kindlichen Welten herausfordert, so bedeutet Migration in ein fremdes Land eine Konfrontation mit einer Fülle von neuen und fremden Eindrücken, die Faszination, aber auch Angst auslösen und mit der Trauer um den Verlust der Heimat einhergeht.

Dies führt zu einem Aufruhr im Identitätserleben des Individuums. Die Migration kann die Selbstverständlichkeit des Selbsterlebens destabilisieren und fordert dazu auf, neue Erkenntnisprozesse zu durchlaufen, aufwühlende Emotionen zu verarbeiten und hieraus eine neue Kontinuität des Identitätsgefühls zu entwickeln. Dass hierbei möglicherweise auch im einzelnen Menschen schlummernde frühkindliche Konflikte aktualisiert werden, versteht sich von selbst. Sie werden die zu bewältigende Identitätskrise in manchen Fällen noch weiter verstärken.

Im Folgenden möchten wir versuchen, die durch die Migration entstehende „innere Bewegung" anhand von Wegen zu beschreiben, die zur Identitätsumbildung zurückgelegt werden müssen: den Weg durch Raum und Zeit, den Weg durch ambivalente Gefühlswelten und den Weg in eine neue Gemeinschaft. Dabei beschränken wir uns auf die unmittelbar durch die Migration entstehenden inneren Konflikte.

**Der Weg durch Raum und Zeit**

Mit der äußeren Bewegung entsteht eine räumliche Distanz zum Heimatland, zugleich rückt das neue, fremde Land gefährlich nahe. Der Verlust vertrauter Menschen, Landschaften und klimatischer Bedingungen, der sprachlichen Heimat, der kulturellen Gepflogenheiten und bekannter Farben und Gerüche sowie die Konfrontation mit einer völlig neuen und zunächst unverständlichen Umgebung er-

Bild: doom.ko (www.shutterstock.com

schüttert das bisher kaum jemals hinterfragte Selbstverständnis eines Menschen nachhaltig. In der Folge kann das Ich die Unterstützung und Stabilität verlieren, die es zuvor erfahren hat.

Vor diesem Hintergrund ist es ganz natürlich, durch das Auffinden einer der Heimat ähnlichen Umgebung Sicherheiten wiederherzustellen. Fantasien von einer Rückkehr entstehen, sind jedoch nicht frei von Ambivalenzen. Schließlich gab es ja auch Gründe und Not-

wendigkeiten, das Heimatland zu verlassen. Die Gefühlslage in dieser Situation kann der eines Kleinkindes ähneln, das einerseits von der Mutter wegstrebt, um neue und interessante Erfahrungen zu machen, dann aber die Trennung nicht aushält und in ihre Arme zurückeilen will.

Typische Überbrückungsmaßnahmen, die den entstehenden Schmerzzustand lindern sollen, sind Bindungen zu den eigenen Landsleuten im fremden Land, das Hören heimischer

Musik, das Zubereiten vertrauter Speisen, das Befolgen kultureller Rituale, aber auch Kontakte zu den Daheimgebliebenen bis hin zu regelmäßigen Reisen ins Heimatland. All dies kann als „Übergangsobjekt" im Sinne Winnicotts fungieren und näherbringen, was äußerlich so weit entfernt ist.

Auf einer inneren Ebene beinhaltet ein Ankommen über die reine äußere Bewegung hinaus allerdings auch, dass man die Distanz zwischen der ursprünglichen Selbstrepräsentation und der neu entstehenden Selbstrepräsentation als Mitglied der aufnehmenden Gesellschaft überbrückt.

In diesem Identitätsumbildungsprozess geht es darum, eine Kontinuität des Selbsterlebens herzustellen, die realitätsgelenkte Möglichkeiten des „Auftankens" in der vertrauten Kultur bietet, Mischformen zwischen alten und neuen Selbstrepräsentanzen zulässt und mehrfache Loyalitäten, z. B. von im Einwanderungsland geborenen Kindern, akzeptiert.

Ethnozentrischer Rückzug oder die kontraphobische Assimilation, bei der man die ursprüngliche Kultur völlig verleugnet, sind demgegenüber auf Dauer weniger tragfähig, weil man leicht in Konflikt mit der eigenen Identität oder der fremden Kultur gerät. Das gleiche gilt für Spaltungsprozesse, bei denen man sich beispielsweise während des Arbeitstags völlig assimiliert zeigt, um nach Arbeitsende bis zum nächsten Morgen wieder in die Ursprungskultur einzutauchen, ohne die beiden Lebenswelten jemals zusammenzubringen.

Der Trauerprozess, der bewältigt werden muss, bildet sich im Erleben des Zeitkontinuums besonders deutlich ab: Der Schmerz über die Trennung und den Verlust der Heimat kann in eine Idealisierung der Vergangenheit münden. Es entsteht die Fantasie eines „verlorenen Paradieses", das zum Ort unerfüllter Sehnsüchte wird und die notwendige Verarbeitung der Trauer um das unwiderruflich verlorene blockiert.

Im Selbsterleben kann sich dann eine zeitliche Diskontinuität einstellen, die betroffene Person schwankt zwischen den Polen „wenn doch nur" („wenn ich doch nur damals nicht hätte gehen müssen") und „eines Tages" („eines Tages werde ich zurückkehren") und versäumt es, in der Gegenwart zu leben.

Wie lassen sich die auf Raum und Zeit bezogenen inneren Schritte gut vollziehen? Das familiäre Umfeld, aber auch die „haltgebenden Umgebungen" der alten und neuen Kultur sollten positive Erfahrungen erlauben und ermöglichen, die die unweigerlich entstehenden aggressiven und zwiespältigen Gefühle überwiegen. Zugleich gilt es Wege zu finden, den erlittenen Verlust und die tief empfundene Sehnsucht zum Ausdruck zu bringen, ihnen Gestalt zu geben, um im nächsten Schritt in der Gegenwart Lebenswertes zu entdecken.

**Der Weg durch ambivalente Gefühlswelten**
Die drastische Veränderung der äußeren Umwelt belastet als unmittelbare Folge der Migration die Anpassungsfähigkeit des Ich. Dies kann dazu führen, dass Menschen auf eine unreifere Form der Emotionsverarbeitung regredieren, bis das Ich wieder anpassungsfähige Verteidigungsmechanismen aufgebaut hat. Aggressive, aber auch lustbetonte Gefühle werden sehr intensiv erlebt und oftmals zwischen den extremen Polen der sich gerade im Fluss befindenden inneren Repräsentanzen der Außenwelt aufgespalten. Nicht selten wird das Herkunftsland idealisiert und die neue Kultur abgewertet oder umgekehrt, auch ein Wechsel zwischen beidem ist nicht ungewöhnlich.

Ähnliches lässt sich bei den Selbstrepräsentationen von Migrantinnen und Migranten beobachten. Die Identität als Brasilianer, Koreanerin oder Türke wird dann vielleicht zu einer Quelle des Stolzes, die neu entstehende Selbstrepräsentation als „Amerikanerin" oder „Deutsch-Iraner" erfährt eine Abwertung oder ist womöglich mit Schamgefühlen verbunden. Werden die aus den gegebenen Realitäten resultierenden Frustrationen (z. B. Schwierigkeiten bei der Arbeits- und Wohnungssuche oder beim Erlernen der Sprache) zu groß, können Gefühle der Wut und Aggression alles bestimmend werden und sich gegen die auf-

Bild: Privatarchiv Knoke

nehmende Gesellschaft, aber auch die eigene Herkunft richten. Manchmal stehen hinter diesen Abwehrmechanismen auch Trennungsschuld, Überlebensschuld oder die Schuld, im neuen Land erfolgreich zu sein.

Wachstums- und Entfaltungsmöglichkeiten in der neuen Umgebung, eine ausreichende Erfahrung von Nützlichkeit in den neuen Kontexten sowie ein Übergewicht von positiven bzw. lustbetonten Gefühlen gegenüber der Aggression sind bei der Synthese der Selbst- und Objektrepräsentationen hilfreich.

**Der Weg in eine neue Gemeinschaft**

Viele Migrantinnen und Migranten unterscheiden auch nach Jahren in der neuen Umgebung genau zwischen „mein" und „dein". Speisen, Spiele, aber auch Werte und nicht zuletzt die unterschiedlichen Sprachen werden im Hinblick auf ihre Unterschiedlichkeit wahrgenommen und zwischen Ursprungs- und Einwanderungsland aufgeteilt. Dies wird dadurch verstärkt, dass auch die Menschen der aufnehmenden Kultur oft durch eine ebenso trennende Brille auf neu hinzukommene Mitbürger blicken.

Ein wichtiges Mittel auf dem Weg zum „Wir-Sein" und der damit verbundenen Identitätsveränderung ist die kulturelle Teilhabe. Filme,

Literatur, Spiele, Musik und vieles mehr bilden eine Zone wechselseitigen Interesses, sie können den neu Hinzugekommenen zahlreiche Facetten des noch fremden Umfeldes erschließen und einen gemeinsamen Erfahrungsbereich mit den Einheimischen schaffen. Umgekehrt können diese ein besseres Verständnis für die Lebenswelten der Migrantinnen und Migranten entwickeln.

Wichtigster Baustein für die Entstehung eines „Wir" ist die Aneignung der Sprache des Einwanderungslands. Viele Nicht-Muttersprachler werden lange, vielleicht immer, ein sprachlich zerrissenes Selbst erleben. Der an sich fremden Sprache zunehmend mehr Raum zu geben, kann die Aneignung der neu entwickelten Identität spiegeln. Die unterschiedlichen Selbstrepräsentationen und Konflikte werden darin gebündelt und neu akzentuiert.

**Von der Bewegung der aufnehmenden Gesellschaft**

Wie sich das äußere und das innere Ankommen von Migrantinnen und Migranten an ihrem neuen Aufenthaltsort gestaltet, hängt von vielen Faktoren ab, die einen Einfluss auf die oben beschriebenen Wege entfalten. Die Ursachen und Umstände der Migration sind hier ebenso zu nennen, wie die Vorstellung einer zeitlichen

Begrenzung oder auch Wünsche und Fantasien, die sich auf das neue Land richten.

Ein ganz entscheidender Faktor für das Gelingen des Übergangs ist jedoch auch, wie die aufnehmende Gesellschaft mit den Neuankömmlingen umgeht. Auch sie hat nämlich einen inneren Weg zurückzulegen, damit Integrationsprozesse sich ereignen können.

In jeder Gruppe von Alteingesessenen ruft die Ankunft eines Neulings gemischte Gefühle hervor, die sich auf einer Skala zwischen paranoider Furcht und Idealisierung bewegen. Teile der angestammten Gesellschaft betrachten jeden Neuling als Eindringling, der sie um eigene Möglichkeiten und Ressourcen bringt und sie in ihrer Existenz und Sicherheit bedroht. Die Folgen sind Abschottung und Anfeindung, wie sie derzeit oft zu beobachten sind. Andere begegnen „dem Fremden" als einer Art Hoffnungsträger für Veränderung und Erneuerung, sie schreiben ihm das Potenzial zu, Probleme der bestehenden Gemeinschaft zu lösen. Dies kann in Enttäuschung umschlagen, wenn der solchermaßen idealisierte Migrant die in ihn gesetzten Erwartungen nicht erfüllt.

Für Gruppen, die bereits Erfahrungen mit dem Thema Einwanderung gemacht und erfolgreich Einwanderer aufgenommen haben, ist die Integration neuer Mitglieder einfacher. Versteht sich ein Land als „Einwanderungsland", als Gruppe, die sich eher über gemeinsame Ideen und ein gemeinsames Wertesystem definiert, als über die monoethnische Herkunft ihrer Mitglieder, so wird es ihr leichter fallen, aktiv auf Neuankömmlinge zuzugehen und ihnen die verbindenden Werte zu übermitteln. Das heißt noch lange nicht, dass die Einwanderer diese Werte sofort annehmen können und müssen, dennoch beinhaltet eine solche Haltung ein Integrationsangebot der aufnehmenden Gruppe, mit dem sich Neuankömmlinge auseinandersetzen können.

Hierdurch entsteht bereits eine erste Annäherung, die bei der Abschottung einer auf die Herkunft eines Menschen fixierten Bevölkerung nicht gegeben ist. Der die Einwanderer vieler Generationen und Nationen verbindende

*American Dream* ist, bei aller Kritik, die etwa am Umgang mit der afroamerikanischen Bevölkerung in den USA geübt werden muss, ein Beispiel dafür, wie ein auf einer gemeinsamen Idee beruhendes Selbstverständnis einer Bevölkerung Integrationsprozesse immer wieder neu ermöglichen konnte.

Auch die Gestaltung rechtlicher Faktoren und konkrete Möglichkeiten der sozialen Teilhabe sind wichtige Instrumente, mit denen die aufnehmende Gesellschaft integrative oder abschottende Signale aussendet. Hierzu gehören Sprachkurse ebenso wie Aspekte des Staatsbürgerschaftsrechts oder die Gestaltung der Rahmenbedingungen für Berufstätigkeit. Wenn sich Neuankömmlinge schnell als nützliche Mitglieder der Gesellschaft fühlen können oder Hilfe bei der Wiederaufnahme ihrer im Heimatland eingenommenen psychosozialen Rolle erfahren (z. B. durch die Anerkennung beruflicher Abschlüsse), stärkt dies das Selbstwertgefühl und bietet Halt in den aufreibenden Identitätsumbildungsprozessen.

Nicht zuletzt können sich Einheimische und „noch Fremde" gerade im Arbeitsleben in einem gemeinsamen Kontext begegnen und die Erfahrung machen, dass der oder die andere nicht nur Teil einer bestimmten Gruppe ist, sondern in erster Linie ein Mensch wie man selbst.

**Anderssein und Anderswerden**
Wenn man sich auf Reisen begibt, so schrieb es einmal Paul Watzlawik (2008), dann erfährt man zweierlei: erstens, dass die Heimat nur eine Wirklichkeit ist und dass die Fremde in ihrer Weise genauso wirklich ist und von Menschen bewohnt ist, die ihrerseits glauben, ihre Wirklichkeit sei die Wirklichkeit; und zweitens, dass von der Fremde her die eigene Wirklichkeit überhaupt erst erfassbar wird. Die Entscheidung, die der Reisende zu treffen habt, ist die grundsätzliche Wahl zwischen einer Weltanschauung, die auf der Illusion von wahr und falsch beruht, und einer, die die furcherregende Möglichkeit des Andersseins erträgt. Versteht man Migration als eine solche Reise auf Dauer oder gar ohne Wiederkehr, dann wird deutlich, dass diese einer aktiven Auseinandersetzung

mit dem Anderssein bedarf und dass diese – auf allen Seiten – vermutlich den Blick für die eigene Wirklichkeit verändert: Identitäten stehen auf dem Prüfstand, Selbst- und Fremdrepräsentanzen sind neu zu justieren.

Dieses Unterfangen ist kein leichtes. Migration bedeutet mehr als die erkennbare äußere Bewegung und Integrationsangebote müssen über den Kanon von Sprachkursen, Arbeitsvermittlung und Sozialberatung hinaus auch einen Mentalitätswandel aufseiten der aufnehmenden Gesellschaft umfassen. Auf beiden Seiten sind also innere Bewegungen zu vollziehen, so wie sie hier als Weg durch Raum und Zeit, als Weg durch ambivalente Gefühlswelten und als Weg in eine neue, zu dieser Bewegung bereiten Gemeinschaft beschrieben wurden.

Und so, wie die äußere Bewegung einen ersten Schritt braucht und sich in vielen Schritten vollzieht, bedarf es auch für diese innere Bewegung vieler Schritte. Es wäre eine Illusion zu glauben, dass Annäherung und Integration ohne die Bereitschaft zur bewussten Gestaltung und Reflexion dieses Weges gelingen. Schrittweise tasten wir uns vor, testen den Grund, ziehen uns womöglich auch einmal wieder zurück und suchen erneut nach Pfaden. Und so entsteht im besten Falle – nach und nach – ein Weg, der uns mit Sicherheit verändert, nicht zuletzt, weil wir Vertrautes und Liebgewonnenes zurücklassen, weil mit jedem Schritt zur neuen Identität auch ein Stück unserer alten Identität verblasst. *Schritte sind Schritte durch Schritte, die nicht mehr sind*, so formulierte es der Philosoph und Aphoristiker Manfred Hinrich einmal, und vielleicht trifft er mit diesem Bild ja auch die hier beschriebenen inneren Bewegungen im Kontext von Migration, Identitätsumbildung und Integration.

**Literatur:**
*Akhtar, Salman (2014):* Immigration und Identität.
Beauftragte der Bundesregierung für Migration, Flüchtlinge und Integration (2016): 11. Bericht: Teilhabe, Chancengleichheit und Rechtsentwicklung in der Einwanderungsgesellschaft Deutschland.

**Prof. Dr. Martin Knoke**
Sozialarbeiter und Diplom-Betriebswirt, Professor für Sozialmanagement SRH Fernhochschule Riedlingen – The Mobile University.

**Sabine Knoke**
Analytische Kinder- und Jugendlichenpsychotherapeutin, Kinder- und jugendpsychiatrische Tagesklinik Riedstadt, Dozentin für Entwicklungspsychologie an der SRH Fernhochschule Riedlingen, Dozentin am C. G. Jung-Institut Stuttgart.

# Mehr Mut zum Mut

Marco Wehr

Irgendwas war anders mit den Flüchtlingskindern. Es dauerte eine Weile, bis man es merkte: Wenn die Burschen mit ihren klapprigen Fahrrädern vom Sperrmüll um die Ecken sausten und lachend über die Bürgersteige schanzten, dann taten sie das mit einer Geschwindigkeit, einem Geschick und einer Freude, die man bei uns, zumindest im städtischen Raum, nur noch vereinzelt sieht. Unsere Kinder findet man selten alleine auf der Straße, dafür um so häufiger in Begleitung der Eltern, zum Beispiel im Café mit einem Kinder-Cappuccino in der Hand. Weil die Gespräche der Erwachsenen die Kleinen verständlicherweise langweilen, quengeln sie oder vertreiben sich die Zeit mit dem Smartphone.

Das wiederum gibt den Erwachsenen einen willkommenen Anlass für einen kulturpessimistischen Diskurs: Man beklagt den Wandel der Zeit und dass Kindheit früher etwas ganz anderes war. Da spielte man draußen im Dreck und nicht in einer zweidimensionalen, aseptischen Computerwelt. Aber – ist das die Schuld der Kinder? Ist es deren Wille, mit den Eltern Kaffee trinken zu gehen oder sich Hand-in-Hand mit Mama und Papa die Schaufensterauslagen anzugucken? Wohl kaum. Es ist doch eher eine zwangsläufige Konsequenz der Rollen, die wir Erwachsene den Kindern und Jugendlichen unserer Zeit

Foto: Cultura Motion (www.shutterstock.com)

zudenken. Und die Kinder machen einfach das, was sie immer getan haben. Sie besetzen vertrauensvoll die Verhaltensnischen, die die Älteren für sie vorgesehen haben, bis sie diese in der Pubertät hoffentlich auch infrage stellen. Deshalb kommt das verbreitete Wehklagen, die Kinder würden sich seltsam entwickeln und fragwürdige Verhaltensweisen an den Tag legen, wie ein Bumerang auf uns Erwachsene zurückgeflogen.

Was nun Rollen und Verhaltensnischen sowie die damit verbundenen Entwicklungsräume angeht, so haben sich diese in den letzten 30 bis 40 Jahren tatsächlich grundlegend verändert. In diesem Zusammenhang fällt ein Aspekt besonders ins Auge: Freiräume, in denen Zeit selbstverantwortlich gestaltet werden kann, mit all den damit verbundenen Chancen aber auch Risiken, sind von der Wiege bis zum Studienabschluss selten geworden. Gerade in der Mittel- und Oberschicht herrscht ein engmaschiger Geist der Planung. Das mag vor der Hand vernünftig erscheinen: Wir sind jetzt alle Teil einer globalen Welt mit einem nie gekannten Konkurrenzdruck. Zeit zu vertrödeln, die Kinder und Jugendliche einfach sich selbst zu überlassen, scheint in diesem Lichte fahrlässig zu sein. Das ist eine mögliche Lesart.

Aber wie wäre es mit einer anderen? Die Welt ist für uns Erwachsene in ihrer weltumspannenden Komplexität so unübersichtlich und wenig greifbar geworden, dass wir ängstlich versuchen, Inseln der Ordnung zu schaffen, um uns der Illusion hinzugeben, dass das Leben und der Erfolg konstruierbar seien. Anstatt Kinder zu ermutigen, sich mit zwangsläufigen Unwägbarkeiten einer hyperkomplexen und sich rasant verändernden Welt auseinanderzusetzen, auch auf die Gefahr hin, dass sie ab und zu mal auf die Nase fallen, planen wir das Leben unserer Kinder und Jugendlichen wie ein Haus, bei dem die Gewerke hoffentlich geschmeidig ineinandergreifen, gerade so, als wäre Lebenserfolg einzig das Resultat einer effizienten Organisation, in der der Zufall keine Rolle spielt.

Krippenplätze werden von vorausschauenden Eltern schon gebucht, bevor die Kleinen auf der Welt sind, dann werden Kita und Beruf feinsäuberlich miteinander verzahnt. Und bei der Wahl der Kita wird darauf geachtet, dass kognitive Fähigkeiten, die später einmal wichtig sein könnten, etwa eine Fremdsprache wie Englisch oder noch besser Chinesisch von kompetenten Erzieherinnen bereits geschult werden, wenn die Hosenmatze noch Windeln tragen. Dann bitte eine Ganztagsschule, garniert mit einer persönlichkeitsfördernden Zusammenstellung außerschulischer Hobbys wie Klavier, Ballett oder Tennis. Schließlich eine vollverschulte Universität, wobei die Eltern die Zimmer ihrer Zöglinge mit aussuchen, gemeinsam den Stundenplan checken und vor dem Einschreibetermin das Mensaessen in Augenschein nehmen.

Egal, welche Lesart man bevorzugt, kann man darüber nachdenken, ob die Schwerpunkte, die wir Erwachsene für Kinder und Jugendliche in Erziehung, Schule und Universität setzen, tatsächlich zu deren Bestem sind oder nur dazu dienen, unser Gewissen zu beruhigen und unsere eigenen Ängste zu lindern. Gut gemeint ist ja oft das Gegenteil von gut gemacht. Aber was wäre denn am besten?

Obwohl Erziehungsstile und Bildungspolitik kontrovers diskutiert werden, liegt doch zumindest eine Antwort auf der Hand: Egal ob wir Eltern, Erzieher, Lehrer oder Professoren sind, vermutlich haben wir zumindest ein gemeinsames Ziel: Wir möchten Kindern und Jugendlichen Fertigkeiten, mentale Werkzeuge, soziale Kompetenzen und Könnensbewusstsein an die Hand geben, damit sie in der Lage sind, auch mit der Lebenswirklichkeit außerhalb von Elternhaus und Bildungseinrichtungen zurechtzukommen, um schlussendlich ein selbstbestimmtes und zufriedenes Leben führen zu können.

Und das größte Unglück wäre doch wohl, wenn wir uns eines Betruges schuldig machen würden, indem wir ihnen in Erziehung und Bildung eine Wirklichkeit vorgaukelten, die mit dem echten Leben nach Abschluss der Berufsausbildung nichts zu tun hat. Provokativ formuliert: Die von uns mit guten Vorsätzen geschaffenen Schutzräume hätten dann eine vergleichbare Funktion wie ein Glashaus für eine wachstumsoptimierte Hollandtomate. Deren Gedeihen ist genau solange gewährleistet, wie der Wind nicht zu stark weht.

Aber was passiert, wenn das Glashaus im Sturm zu Bruch geht? Dann gibt es ein schmerzhaftes Erwachen. Ist diese Sorge begründet? Oder völlig überzogen?

Wenn man genauer hinschaut, mehren sich Zeichen, dass wir uns leichtsinnigerweise die Welt in Erziehung und Bildung schön lügen. Und diese Form von Realitätsverleugnung macht Konsequenzen möglich, vor denen man mit Fug und Recht Angst haben darf.

Wie gesagt: Auf der Straße tobende Kinder, die ohne elterlichen Schatten ihre Zeit selbst bestimmen, sind im städtischen Raum Ausnahmeerscheinungen.

Stattdessen? Betreutes Leben – 24 Stunden am Tag. Selbst Kinder im Alter von vier Jahren werden von ihren Eltern gerne gehoben und ge-

Foto: Hofschläger, Pixelio

schoben. Und das Abenteuer Schulweg wird auch nicht mehr allen zugemutet. Der Taxiservice der Eltern steht parat, besonders wenn das Wetter schlecht ist. Auch zuhause ist das Leben selten motorisch spannend und anregend. Da wird ebenfalls viel gesessen, günstigenfalls mit einem Buch in der Hand. Folgerichtig haben sich motorische Fertigkeiten der Kinder und Jugendlichen in unserer behüteten Welt ziemlich verschlechtert. Wenn vierjährige Kinder heute zu uns in den Tanzunterricht kommen, dann können sie oft nicht rückwärts laufen, es fällt ihnen schwer, auf einem Bein zu balancieren, oder sie trauen sich nicht, von einer 20 Zentimeter hohen Treppenstufe zu springen. Wenn sie es dann doch wagen, werden sie von den anwesenden Müttern, die jeden Fortschritt der Kleinen akribisch beäu-

gen, euphorisch beklatscht, als hätten sie den Nanga Parbat ohne Sauerstoff bestiegen. Einen Purzelbaum zu machen halten dann aber viele Mütter und Kinder für eine unzumutbare Form von Akrobatik. Folgerichtig können sie es mit sieben Jahren immer noch nicht. Das gilt selbstverständlich nicht für alle Kinder, aber leider für viele.

Käme es zu einer vergleichbaren Deprivation im sprachlichen Bereich, dann würden die Kinder bei der Einschulung nuscheln und stammeln. Darüber hinaus wären sie nicht in der Lage, zusammenhängende Sätze zu sprechen. Man male sich den öffentlichen Aufschrei aus! Doch die nicht mehr selbstverständliche Fähigkeit, sich flüssig zu bewegen, scheint im Vergleich eher wenig Problembewusstsein und Handlungsdruck auszulösen.

Aber wen wundert das? Gemäß einer Umfrage sind mehr als 50% der deutschen Kinder noch nie auf einen Baum geklettert! Dafür kennen sie Bäume aus abstrakteren Zusammenhängen. Sie wissen, dass sie notwendig sind, um $CO_2$ zu binden und den Klimawandel abzuwenden.

Jetzt kann man an dieser Stelle natürlich die ketzerische Frage stellen, ob wir diesen ganzen motorischen Schnickschnack überhaupt noch brauchen? Jede Zeit hat ihre eigenen Herausforderungen. Wir müssen schließlich nicht mehr mit der Spitzhacke Kohle aus einem Flöz schlagen. Wenn es heute wichtig ist, im Affenzahn mit der Computermaus über den Bildschirm zu jagen, warum macht es dann noch Sinn, zu klettern oder einen Purzelbaum zu schlagen? Vielleicht wird der Körper ja, wie uns einige digitale Propheten weismachen wollen, in Zukunft sowieso überflüssig. Wir lägen dann – wie in den Science-Fiction-Filmen – als Gehirne in einer handwarmen Lake aus Nährstoffen und sind mit der Welt nur noch mit Drähten verbunden.

Das ist sicher zu kurz gedacht. Schließlich war und ist unser Körper seit Menschengedenken wesentliches Werkzeug zum Welterwerb und wird es auch in Zukunft bleiben. Diese zentrale Einsicht lässt sich mit einem harmlos anmutenden Experiment verdeutlichen, das leider folgenschwere Konsequenzen hat: Was passiert mit einem Kätzchen, das gerade die Augen aufgeschlagen hat und welches man fortan durch die Welt trägt, anstatt es auf den eigenen Beinen neugierig seinen Lebensraum erkunden zu lassen?

Das erschütternde Ergebnis: Das Kätzchen lernt das Sehen nicht – es bleibt blind! Wie ist das möglich? Die Augen waren doch offen? Das erstaunliche Resultat, das sich eines fast vergessenen Experiments des Psychologen Richard Held verdankt, muss uns zu denken geben, wenn wir nicht nur über die Entwicklung von Katzen nachdenken, sondern auch über die kleiner Kinder.

Was nämlich für Katzen gilt, das gilt für Menschen umso mehr. Je höher entwickelt ein Gehirn ist, desto weniger ist es bei der Geburt "fest verdrahtet". Es entwickelt sich erst in der intensiven Auseinandersetzung mit der Umwelt, um schlussendlich optimal an diese angepasst zu sein! Dieser Entwicklungsprozess, der uns so selbstverständlich erscheint, dass wir nur wenig über ihn nachdenken, ist jedoch von abgründiger Komplexität. Eine Sache weiß man in diesem Zusammenhang allerdings genau: Man muss mit der Welt in ihrer ganzen Vielfalt interagieren, damit sich das Gehirn an diese Welt optimal adaptiert! Das ist der Dreh- und Angelpunkt.

Vor diesem Hintergrund müssen wir eine provokative Frage stellen: Wie ist es zu bewerten, dass in Kindergärten Bäume gefällt werden und Erzieherinnen regresspflichtig gemacht werden, wenn ein Kind vom Baum fällt. Wäre es nicht besser, den Baum stehen zu lassen und den Kindern das Klettern beizubringen?

**Marco Wehr**
Dr. Marco Wehr ist Physiker, Philosoph und international erfolgreicher Tänzer. Seine Arbeitsschwerpunkte als Autor und Redner sind Voraussagbarkeit, Komplexitätstheorie sowie die Beziehung von Körper und Denken. Seine bisher erschienenen Bücher wurden auf die Liste der Wissenschaftsbücher des Jahres gewählt. Seine Essays für die FAZ, wurden für den Henri-Nannen-Preis 2013 nominiert.

# Erkenntnisdrang und Stuhldrang

## Eine Glosse

Bernd Leibig

Wer kennt das nicht: Die Verhältnisse sind bedrückend. Sie müssen einer Lösung zugeführt werden. Es ist einfach nicht mehr auszuhalten.

Da fällt einem als erstes natürlich Kant ein, wie der Mensch aus seiner selbst verschuldeten Unmündigkeit heraus findet. Aber was heißt das: „unmündig"? Wir müssen Kant ernst nehmen: Es geht nicht nur um den Mund, sondern – ganz im Sinne der Enantiodromie, (von Heraklit entwickelte Vorstellung vom stetigen Gegeneinanderwirken der Kräfte, die allem Lebendigen als Grundgesetz des Seins und des kosmischen Rhythmus innewohnt) – geht es auch um das andere Ende. Das ist angewandte *coincidentia oppositorum*.

Die Bewegung der Ernährung und damit die Grundlage unseres Lebens ist richtungsmäßig eindeutig: von oben nach unten. Ganz oben in unserem Gehirn ist der Erkenntnisdrang und am anderen Ende der Verwertungskette ist der Stuhldrang. Aber wie hängt das alles miteinander zusammen?

Die Gedanken sind frei und das soll auch so bleiben. Aber nur so lange, als wir in der Entfaltung unseres Denkens nicht durch unsere Körperphysiologie eingeschränkt werden und die bedrückenden Verhältnisse keinen klaren Gedanken mehr zulassen. Ist möglicherweise also unsere Darmtätigkeit, wenn sie übermächtig wird, als *Kritik der reinen Vernunft* zu verstehen? Denn klare und hinlänglich konsistente Gedanken können wir in bestimmten bedrückenden Verhältnissen nicht mehr fassen.

Verwerfen wir diesen Gedanken nicht gleich. Es gibt ja heute Anschauungen, die vom Darm als dem zweiten Gehirn sprechen. Denn es

Auguste Rodin, der Denker (1880-1882)

gibt in diesem Körperbereich auch einige Neuronen, die für die Verarbeitung von Informationen zuständig sind und für eine Fortbewegung der Dinge sorgen. Aber nicht überall, wo Neuronen sind, ist auch Geist.

Und in anderen Kontexten, wie etwa der Immunologie werden dem Darm bedeutsame Funktionen zugeschrieben. Und die Herausbildung von Immunität gelingt ja nur dadurch, dass es sich um ein Körpergedächtnissystem handelt. Da haben wir also eine wichtige gleichwertige Funktion von Gehirn und Darmtätigkeit.

Denn wir brauchen in unserem Gehirn das Gedächtnis, um einigermaßen konsistent in dieser Welt bestehen zu können, und wir brauchen unser autobiografisches Gedächtnis für unser Identitätsgefühl, damit wir morgens das Gefühl haben können, noch die gleiche Person zu sein, die abends ins Bett gegangen ist.

In der darminduzierten Immunität ist es genauso. Unser Immunsystem überprüft, ob die Einflüsse, mit denen sich die Zellen auseinandersetzen müssen, zum eigenen Körper gehören, sich also identisch anfühlen, oder ob es sich um körperfremde Faktoren handelt, wie etwa einen Spreißel in der Haut oder Viren oder dumme Gedanken.

Eine wichtige Frage in diesem Zusammenhang hat schon Freud gestellt. Und es gehört in bestimmten psychoanalytischen Kreisen zum Ritual, dass bereits Freud im Kern alles schon gewusst hat. Also: Es geht um den Trieb. Unser Gehirn hat zum Glück einen Erkenntnistrieb, der uns vorantreibt, der die Wissenschaft überhaupt erst ermöglicht und der in diesem Rahmen ermöglicht, dass wir nicht allzu viel „Scheiß" produzieren.

Und wie ist es auf der andern Seite mit unserem zweiten Gehirn. Unterliegt der Darm einem Trieb? Ist der Stuhlgang ein triebgesteuertes Verhalten? Man könnte aus der Alltagserfahrung sofort zustimmen und sagen: Natürlich handelt es sich hier um ein treibendes Momentum.

Aber gemach. Um einen Trieb zu konstatieren, bedarf es nicht nur der treibenden Kraft, die zu einem Ziele hinsteuert. Sondern es bedarf auch der Appetenz, dem starken Hingezogensein. Denken wir etwa an den Hunger und die Sexualität, die wir, dank Freud, ja nicht aus dem Auge verlieren wollen. Aber Stuhlgang mit Appetenzverhalten in Verbindung zu bringen, fällt doch einigermaßen schwer. Fazit: Nicht überall, wo es treibt, steckt ein Trieb dahinter.

Zurück zur darminduzierten *Kritik der reinen Vernunft.* Es gehört zu unserer Aufgabe im Rahmen der Individuation, dass wir uns unserer inneren Bestimmungen klar werden und diese möglichst bewusst in unserem Leben umsetzen. Dies ist der Grundgedanke der Aufklärung. Dazu brauchen wir klare Gedanken und keine Komplexe, die unser Gehirn verstopfen. Und wir brauchen im Sinne der Ganzheit alles: Gehirn und Geist und Darm und ...

**Bernd Leibig**
Facharzt für psychotherapeutische Medizin, Dozent, Lehr- und Kontrollanalytiker am C. G. Jung-Institut Stuttgart, Paartherapeut, Traumatherapeut, niedergelassen in eigener Praxis in Ammerbuch-Entringen.

Arne Burchartz, Hans Hopf, Christiane Lutz
**Psychodynamische Therapien mit Kindern,
Jugendlichen und jungen Erwachsenen
Geschichte, Theorie, Praxis.**
Stuttgart: Kohlhammer, 2016, 211 S., € 34
ISBN- 978-3-17-029863-7

Als ich das Buch erstmals in der Hand hielt, fragte ich mich, ob es für mich als Behandlerin für Erwachsene überhaupt interessant sein könne, ob ich es lesen solle. Um es gleich vorweg zu nehmen: Dieses Buch ist auch für eine Erwachsenentherapeutin eine große Bereicherung. Es bot mir sowohl eine gern gelesene Wiederholung wie auch eine Erweiterung meines Wissens.

Das Band ist der Auftakt einer Buchreihe von Christiane Lutz, Arne Burchartz und Hans Hopf, das 2016 im Kohlhammer Verlag erschienen ist. Alle drei arbeiten langjährig als Kinder- und Jugendlichenpsychotherapeutin und -psychotherapeuten und sind in Supervision und Ausbildung tätig. Die Abhandlung schildert die Entwicklung psychodynamischer Verfahren seit der Begründung der Psychoanalyse vor 120 Jahren durch Sigmund Freud. Eine große Besonderheit dieses Buchbandes ist die Schulen übergreifende Darstellung dieses umfassenden Themas. Bereits bei der Autorin und den zwei Autoren spiegelt sich dies wider: Freudianische wie auch Jungianische Arbeitende schreiben dieses Buch.

Sowohl die Analytische Psychotherapie wie auch die Tiefenpsychologisch fundierte Psychotherapie werden hier unter dem Oberbegriff der Psychodynamischen Psychotherapie behandelt. Alle gehen auf die Vorstellung eines dynamisches Unbewusstes basieren.

Im ersten Teil wird die Geschichte der psychodynamischen Therapie mit Kindern und Jugendlichen erzählt. Dabei werden sowohl Freuds Wurzeln aus der Erwachsenentherapie benannt, wie auch die Weiterentwicklungen durch Hermine Hug-Hellmuth, Anna Freud und Melanie Klein. Bedeutsam ist dabei die Ergänzung der Kinder- und Jugendlichen-Therapien durch das Spiel, dem ein eigenes Unterkapitel gewidmet ist.

Im zweiten Teil, der weit mehr Seiten beansprucht, werden die theoretischen Grundlagen und therapeutischen Implikationen behandelt. Neben den Themen der Anfänge der Triebtheorie, dem Ich, der Objekte und dem Selbst fließen Beiträge späterer Analytiker nach Freud wie Winnicott, Ferenczi, Balint und andere mit ein. Das letzte Kapitel stellt sehr ausführlich die Sicht der Analytischen Psychologie nach C. G. Jung vor. Hier werden sowohl sein Menschenbild, die Unterscheidung zwischen persönlichem und kollektivem Unbewusstem wie auch Jungs Typologie erläutert. Auch den Themen Bilderwelt der Symbole, Archetypen und dem Selbst sowie der psychotherapeutischen Behandlung innerhalb der Jungschen Psychologie ist ein Kapitel gewidmet.

Das Band mit seinen 211 Seiten ist klar strukturiert und gut lesbar. Für Studierende und Personen mit Interesse an der Thematik wie auch für bereits praktisch Tätige bietet es einen anschaulichen historischen Überblick über den heutigen Stand der Psychoanalyse mit guten Erklärungen von bedeutsamen Grundbegriffen und -wissen. Ergänzend hätte mir noch gefallen, wenn die Kapitel mit dem jeweiligen Autor oder der Autorin überschrieben worden wären. Die Kapitel werden sehr anschaulich durch das Einbeziehen von Fallvignetten, die aus der Praxis der Autoren und der Autorin stammen, im zweiten Teil ergänzt.

rezensionen

Jedes Kapitel schließt mit einer knappen Zusammenfassung. Zudem steht zum Ende der Kapitel weiterführende Literatur, die eine Vertiefung zum Thema anregt. Vermutlich vorwiegend für Studierende enden die Kapitel jeweils mit Fragen, die einerseits sowohl das Wissen über das Gelesene überprüfen lassen, aber auch einen interdisziplinären Dialog entstehen lassen.

**Miriam Ehret**

BRIGITTE DORST

## Alles beginnt mit Sehnsucht und Suche

Herzensbildung
auf dem Sufi-Weg

Brigitte Dorst
**Alles beginnt mit Sehnsucht und Suche.
Herzensbildung auf dem Sufi-Weg.**
Ostfildern: Patmos, 2018, € 24,00
ISBN-13: 978-3843609227

In allen Religionen gibt es mystische Traditionen, die als Philosophia perennis, ewige Weisheit, bezeichnet werden. Ihre Spuren „sind bis in die Jahrtausende vor Christus zurückzuverfolgen", so Brigitte Dorst, „als ein Streben des menschlichen Geistes nach Erkenntnis, als Suche nach einer letzten Wirklichkeit." In ihrem neuen Buch *Alles beginnt mit Sehnsucht und Suche. Herzensbildung auf dem Sufi-Weg* beschreibt sie Sufismus als Teil dieses besonderen Weisheitsstroms, als überkonfessionellen spirituellen Weg. Die Mystik, die diesen Weg bestimmt, beschreibt sie als „ein persönliches Erleben eines Absoluten, eine unmittelbare Beziehung zum Göttlichen auf der inneren Erfahrungsebene, die das intellektuelle Erfassen transzendiert".

Mit ihrem Buch will die erfahrene Jung'sche Analytikerin und Psychotherapeutin diejenigen Menschen unter uns ansprechen, die heute auf der spirituellen Suche sind – und ganz besonders die von ihnen, denen ein psychologisch bzw. tiefenpsychologisch vermittelter und verantworteter Zugang zu einer solchen Suche unentbehrlich erscheint, anstelle einer mehr esoterischen Annäherung.

So erschließt Brigitte Dorst den Zugang zur *Herzensbildung auf dem Sufi-Weg* von drei unterschiedlichen Dimensionen her, was das Buch komplex und perspektivenreich macht.

Die erste Dimension ist die, dass sie der ausgeprägten spirituellen Sehnsucht nachgeht, indem sie die vielfältigen Zugangswege einer Spiritualität im 21. Jahrhundert ausführlich erläutert.

Unter der zweiten Dimension bringt sie die Tiefenpsychologie ein, für deren Menschenbild – etwa im Konzept des Selbst bei C. G. Jung, das das engere Ich-Bewusstsein übersteigt – eine menschliche Entwicklung, ohne die Sinnfrage zu stellen, ohne Kontakt zum Numinosen zu suchen, gar nicht denkbar ist, wie dies auch für die Transpersonale Psychologie gilt. Diese psychologischen Richtungen weisen auch auf erfahrungsbezogene, psychologisch fundierte Zugangswege zum Transpersonalen hin. Sie beginnen oft mit einer vertieften Frage nach sich selbst, nach der Individuation, wie dies in der Psychologie und Psychotherapie nach Jung unabdingbar geschieht.

In der dritten Dimension führt Brigitte Dorst in ihr Verständnis eines universalen Sufismus ein: Sufismus als ein Weg der Herzensbildung, der vor allem auf Meditation, einer Meditation in der Stille, gründet, als Annäherung an eine Erfahrung der Gottesliebe, die Menschenliebe mit einschließt – ein transkonfessioneller spiritueller Weg, der gleichwohl die Schätze des Sufismus aus der islamischen Tradition anzuerkennen weiß.

Ein Kennenlernen der hintergründigen Sufi-Geschichten, der Sufi-Symbole wie Rose und Spiegel, gehört dazu, eine innere Begegnung mit der rahmensprengenden Gottesleidenschaft einer Rabia und eines Rumi. Hier gilt es einiges zu entdecken, was den Sufi-Weg auszeichnet: seine Hintergründigkeit und seinen Humor auch, die unsere Neugier und unseren Tiefsinn schon bei dem Versuch, den Sufismus zu verstehen, herausfordern – dazu sein ständiger Rückbezug und Hinweis auf den gelebten Alltag, bei einer zugleich selbstvergessenen Hingabe an die Dimension der Liebe, in dieser und in jener Welt.

Hier führt Brigitte Dorst konkret und anschaulich in die bei uns weithin noch unbekannte geistig-seelische Welt des Sufismus ein, unbekannt geblieben, obgleich faszinierende Interpreten wie Annemarie Schimmel und Henry Corbin auf europäischer oder Hazrat Inayat Khan und Idries Shah auf nahöstlicher Seite schon vor Jahrzehnten auf sie hingewiesen haben und obgleich schon seit der Goethezeit mit Friedrich Rückerts Übersetzungen ins Deutsche und Goethes West-Östlichem Divan eine Brücke zwischen östlicher und westlicher mystischer Kultur geschlagen wurde, die heute mehr denn je zum Begehen einlädt.

Die besondere Leistung, die Brigitte Dorst in ihrem Buch erbringt, ist die Kombination von Zugangswegen einer Spirituellen Psychologie zu transpersonalen Erfahrungen mit denen einer Sufi-Mystik, ist die Verbindung des Jung'schen Individuationswegs zum eigentlichen Selbst des Menschen mit dem spirituellen Transformationsprozess im Sufismus.

Mit Sinn auch für die feinen Unterschiede zwischen beidem schildert sie den Entwicklungs- und Reifungsprozess auf dem Sufi-Weg, bei dem es darum geht, die Grundfähigkeiten des menschlichen Herzens zu entfalten, und den Individuationsweg, den die Jung'sche Psychologie mit ihren Schritten zur Selbsterkenntnis, zur Ganzwerdung, zur Sinnfindung weist, worin sie sich auch als eine Spirituelle Psychologie auszeichnet. Jung allerdings betonte, so auch Dorst, dass er als Psychologe nichts über

Gott selber, sondern nur über Gottesbilder als Symbole sagen könne. Doch gerade als Symbole könnten diese auch spirituelle Erfahrungen vermitteln, da sie als solche bewusstseinstranszendente Inhalte haben (S. 83).

Das Buch vermittelt anschaulich, auch indem es Anleitungen zu meditativen Übungen und Fragestellungen an die Lesenden enthält, wie Brigitte Dorst in einer heutigen Sufigruppe arbeitet: mit einer Kombination von jungianisch basierter Selbsterfahrung und Anleitungen zu einer spirituellen Praxis, bei der die stille Herzensmeditation im Zentrum steht. Ihr Buch zeigt auf, was die Gruppenteilnehmerinnen und -teilnehmer dabei gewinnen können: die Erfahrung einer Liebesenergie, die zwischen Göttlichem und Menschlichem schwingt, eine Resonanz untereinander und zum Transpersonalen hin.

Als Jung'sche Analytikerin und Psychotherapeutin bringt Brigitte Dorst einen spirituellen Zugang auch zu Träumen ein, Träumen, die Botschaften aus dem transpersonalen Bereich enthalten können. Darüber hinaus schildert sie das besondere Lehren und Lernen in der Sufi-Tradition anhand von Lehr-Erzählungen und Lebensbeispielen. Dabei wird auch die Lehrer-Schüler-Beziehung neu reflektiert, die nicht nur im Sufismus, sondern auf vielen spirituellen Wegen eine große Tradition hat. Wichtig erscheint Brigitte Dorst heute eine zeitgemäß reziproke Bezogenheit, ein Austausch zwischen Lehrer(in) und Schüler(in) auf Augenhöhe, wie sie es selbst schon bei ihrer spirituellen Lehrerin Irina Tweedie erfahren hat, während diese noch eine traditionelle Meister-Schüler-Beziehung mit allen Höhen und Tiefen durchlebte, die sie in ihrem *Tagebuch einer spirituellen Schulung durch einen Sufi-Meister* schilderte, veröffentlicht unter dem Titel *Der Weg durchs Feuer* (Ansata 1989) – ein lesenswertes Buch, auch um des Vergleiches willen!

Lebendig herausgearbeitet begegnet uns in Dorsts neuem Buch ein heute praktizierbares „Lehren und Lernen im Sufismus" (S. 183–200): Es wird deutlich, dass es dabei letztlich – in, mit und unter einer Form der Liebesmystik – auch um eine besondere Weise der BILDUNG geht, um „Herzensbildung" nämlich. Insofern scheint mir der Untertitel des Buches treffend gewählt.

Natürlich stellt sich einem auch die Frage, wo es wohl eine solche Gruppe noch zu finden gibt, die einen solchen Sufi-Weg geht, zugleich getragen von einer tiefenpsychologischen Basis (hier der von C. G. Jung) – wo, außer in Münster, im „Sophia-Zentrum", das Brigitte Dorst dort begründet hat, aus ihrer ureigenen Erfahrung als Sufi-Lehrerin und analytischer Psychologin zugleich.

Es ist ein besonderes, ein kostbares Modell, das weiterzutragen wohl zum einen Aufgabe des dortigen Teilnehmerkreises, der dortigen Sufi-Schülerschaft sein wird. Dieses Modell erscheint mir aber zum anderen, gerade auch nach Brigitte Dorsts Darstellung, durchaus übertragbar zu sein auf andere ernsthafte spirituelle Erfahrungswege – wie Zen oder christliche Mystik –, die auch kombinierbar sind mit der tragfähigen Basis tiefenpsychologischen Erfahrungswissens, auch in Bezug auf Gruppen. Es ist ein Modell, das zeigt, wie spirituelle Erfahrung psychologisch fundiert und verantwortet vermittelt werden kann.

Nicht zuletzt erscheint mir eine weitere Perspektive verheißungsvoll: dass sich künftig auch Menschen mit islamischem Hintergrund, die sich einer islamischen Form des Sufismus verbunden fühlen, zusammenfinden könnten mit Menschen von westlich-christlichem Hintergrund, auf einem gemeinsamen spirituellen Weg: dem Sufi-Weg der Herzensbildung. Wie schön, dass eine solche Anregung jetzt da ist: durch Brigitte Dorst, eine erfahrene Jung'sche Analytikerin, die seit vielen Jahren auf dem Sufi-Weg ist und uns beim Lesen ihres Buches mit diesem Weg vertrauter macht.

**Ingrid Riedel**

Hans Hopf
**Jungen verstehen**
Klett Cotta, Stuttgart, 2019, 208 S. € 20,00
ISBN-13: 978-3608961911

Hans Hopf hat ein neues mit profunder Kenntnis geschriebenes Buch über Jungen vorgelegt.

Seine Botschaft heißt zusammengefasst: Jungen sind anders. Um sie zu verstehen, müssen wir uns auf ihre, sich von Mädchen vollständig unterscheidenden körperlichen und psychischen Realitäten einstellen.

Hans Hopf möchte mit seinem Buch sowohl engagierte Laien, interessierte Väter und Mütter und gleichermaßen Pädagogen und Therapeuten ansprechen. So ist das Buch, und das ist die Kunst, sowohl anspruchsvoll als auch gut verständlich geschrieben. Die Basis seiner Ausführungen ist von Bezogenheit und ebenso großer Liebe zu Jungen geprägt. Sie sind schlimm und genauso liebenswert, wie Hans Hopf in seiner Einleitung bemerkt.

Und diese Botschaft durchzieht das ganze Buch: Seht nicht nur die Auffälligkeiten, die Unerhörtheiten und Aufsehen erregende Buben, sondern nehmt ihre kreativen, ihre originellen und fähigen Seiten wahr. Lernt sie zu lieben, denn sie verkörpern ein Stück lebendigen Lebens. Sie sind formbar und eigenwillig, schrecklich und wunderbar. Es kommt auf die Einstellung des Erwachsenen an, wohin er den Schwerpunkt seiner Wahrnehmung richtet.

Hans Hopf beginnt nach den einleitenden Gedanken zur Biologie der Jungen mit den heimlichen Miterziehern. Gesellschaftliche Urteile und Vorurteile prägen unser Bild von Jungen. Eine sich ständig ändernde Gesellschaft schafft neue Bedingungen des Aufwachsens. Die Folgen einer fast ausschließlichen Prägung durch weibliche Bezugspersonen, seien es Mütter, Erzieherinnen und Lehrerrinnen, die überwiegend ihr geschlechtsspezifisches Bedürfnis nach Anpassung als Maßstab nutzen, zeigen sich häufig erst später.

Der signifikant höhere Testosteronspiegel, das anlagemäßig höhere Bewegungsbedürfnis lässt Jungen schnell als „schwierig" oder „untragbar" erscheinen. Damit verbunden ist die Bereitschaft, ihr Verhalten als Krankheit einzustufen und über eine medikamentöse Behandlung Anpassung an eine fiktive Norm zu erreichen.

Des Weiteren geht der Autor auf den Zusammenhang von Angst und Aggression ein und betont den reaktiven Charakter der Aggression. Sie muss jedoch nicht gleich destruktiv eingestuft werden, sondern zeigt sich gleichermaßen in der Fähigkeit, aktiv, dynamisch, eigenständig und kreativ zu sein. Weitere Gedanken sind der Fähigkeit zur Symbolisierung gewidmet. Dabei verbinden sich objektive Beobachtungen der Realität vieler Jungen heute mit den Ursachen, die unter anderem auch in einer Überbetonung rationaler Kompetenz und den Erfordernissen, die eine wirtschaftlich orientierte Gesellschaft vorgibt, liegen.

Immer stärker scheinen sich heute die Generationenschranken zu verwischen. Damit verlieren Halt gebende Grenzen immer mehr an Bedeutung. Hier wäre väterliche Präsenz in einer Struktur gebenden Orientierung notwendig. Ferne Väter, sei es durch ihren Beruf absorbiert oder nicht vorhanden, überlassen alleinerziehenden Müttern das Feld. Hiermit fehlt den Jungen ein wichtiger Anreiz zur männlichen Identifikation. Sie werden in der Identitätssuche, nicht erst in der Pubertät, allein gelassen und kompensieren häufig in betont machohafter, vielleicht sogar frauenver-

achtender Weise eine Scheinmännlichkeit, oder identifizieren sich mit der Mutter.

Dem Umgang mit den digitalen Medien ist ein ausführliches Kapitel gewidmet. Hans Hopf ist es ein Anliegen, weder dem Computer noch dem Smartphone den schwarzen Peter zuzuschieben. Einerseits verdanken wir den elektronischen Medien viel Arbeitserleichterung und eine potenziell verbesserte Kommunikation, andererseits birgt die unreflektierte Nutzung auch umfassende Gefahren. Unbestreitbar ist der Suchtfaktor. Hier geht es erneut um angemessene Grenzsetzung, um nicht einer passiven Konsumhaltung Vorschub zu leisten. Zusätzlich müssen Eltern und Erzieher sich klar darüber sein, dass viele Kinder und Heranwachsende im unbekümmerten Umgang mit Facebook, Twitter und Instagram häufig Geister rufen, die sie nicht mehr loswerden. Auch hier, so betont es der Autor, liegen Gefahren, die zu Verhaltensauffälligkeiten und neurotischen Reaktionsbildungen führen können.

Die Beziehung zwischen Mutter und Sohn steht im Mittelpunkt eines weiteren Kapitels. Hier findet neben der Bedeutung der „Mutter als Schicksal" (Felix Schottländer) die Erörterung und der Umgang mit frühen Bindungsstörungen Raum. Mütter haben es in einer häufigen Zerrissenheit zwischen Beruf und Familie schwer, sich auf die andere Individualität eines männlichen Kindes einzustellen. Eigene Prägungen im Umgang mit dem männlichen Geschlecht wirken sich nicht selten weitgehend unbewusst auf die Interaktion mit ihren Söhnen aus und bestimmen deren eigenes Rollenverständnis.

Gleichermaßen wird die Rolle des Vaters ausführlich erörtert. Vor allem wird der Akzent auf die Notwendigkeit eines präsenten Vaters gelegt. Indem er dem Jungen die „freundlichen Weiten" der Welt eröffnet, relativiert er über diese sogenannte Triangulierung die Dominanz des Weiblichen. In den Überlegungen zur Bedeutung des familiären Umfeldes speziell für Jungen, betont Hans Hopf die Wichtigkeit, dass Paare, in einer hetero- oder gleichgeschlechtlichen Partnerschaft, unterschiedliche Positionen besetzen. So bieten sie ausreichende Möglichkeiten, dass Mädchen und Jungen ihre eigene Individualität entwickeln. Auch die Rolle eines Jungen in der Geschwisterreihe zwingt zu Überlegungen hinsichtlich möglicher Folgen, vor allem mit Blick auf das Selbstwertgefühl. Überforderung und Unterforderung haben hier ähnlich verhängnisvolle Konsequenzen.

Hans Hopf beschreibt des Weiteren umfassend die phasenspezifische Entwicklung von Jungen. Abhängigkeitswünsche und Autonomienotwendigkeiten werden in ihrem Spannungsverhältnis dargestellt und sowohl auf Ursachen als auch auf Lösungen hingewiesen. Die Adoleszenz, gemeinhin als Pubertät benannt, stellt die heranwachsenden Jungen vor besonders schwierige innerseelische Probleme. Mithilfe eindrucksvoller Beispiele illustriert Hans Hopf diese Krisenzeit aus der Sicht der Jugendlichen. Es ist eine Phase, die zeitweilig in eine narzisstisch gefärbte Allmachtshaltung treibt, im Versuch, sich von den Eltern abzulösen und schrittweise in eine selbstbestimmte Sexualität zu finden.

Im Vergleich von Jungen und Mädchen unterstreicht der Autor in überzeugender Weise die Tendenz von Jungen, eher Nähe zu vermeiden als Nähe zu suchen. Hierbei schildert er nochmals sehr eindrücklich die oknophile wie philobatische Charakterstruktur, die sich in Träumen geschlechtsspezifisch widerspiegelt. Eine oknophile Einstellung sucht den Halt gebenden Rahmen, Nähe und Geborgenheit, während der Philobat Sicherheit und Orientierung in unbegrenzter Weite findet. Charakteristisch für das Verhalten von Jungen ist die „Angstlust", die Freude am Risiko, während Mädchen ihre Ängste eher in Vermeidung und Anklammerung an Autoritäten und Vorbilder bewältigen.

Abschließend steht das Thema Aggression nochmals im Mittelpunkt. Hopf unterscheidet die notwendige Aggression als Ausdruck von Aktivität, Eigenständigkeit und Kreativität von der destruktiven Aggression, die Tod und Vernichtung zum Ziel hat. Er bestätigt damit die These von Joachim Bauer, dass der Mensch und konkret die Jungen nicht primär destruktiv interagieren. Am Beispiel von Amokläufern zeigt Hans Hopf den reaktiven Charakter der destruktiven Aggression, die die Vernichtung der eigenen Person einschließt. Hier unterstreicht der Autor aber auch die Gefahr von Ego-Shooter Computerspielen, die zweifellos einerseits abstumpfende Wirkung haben, zum anderen jedoch eine fatale Vorbildfunktion in Sinne einer verzerrten Heldenhaftigkeit in sich schließen.

Das Buch weckt Verständnis dafür, wie Jungen einfach sind. Sie brauchen Förderung und Forderung in ihrer Individualität. Sie brauchen offene Mütter, die sich in die vitale Energie ihres Sohnes verlieben können, sodass sich der Sohn im Glanz des mütterlichen Auges spiegeln kann. Sie brauchen bezogene Väter, die einerseits bereit sind, sich sorgend um ihre Söhne zu bemühen, andererseits zusätzlich Orientierung geben, wie sie sich angemessen in der Welt bewegen können. Sie könnten damit einen Weg finden zwischen „Macho" und „Weichei" und angst- und schuldfrei ihre eigene Individualität immer neu entwerfen. Hilfreich ist das Wissen, dass das Gehirn ein Leben lang formbar ist und auch negative Prägungen angesichts positiver Neuerfahrungen an Dominanz verlieren können.

Es braucht dazu aber auch eine Gesellschaft, die die speziellen Bedürfnisse männlicher Kinder bereit ist wahrzunehmen und die Voraussetzungen für selbstbewusstes männliches Sein schafft. Es braucht engagierte Erzieherinnen, Lehrerinnen und letztlich auch Therapeutinnen, die nicht gemäß ihrer weiblich geprägten Vorstellungen mit Jungen umgehen. Es wäre wünschenswert, wenn viel mehr Männer auch beruflich die Chance ergriffen, sich für Jungen in Ermutigung und Vorbild einzusetzen, um in einer sich ständig verändernden Zeit Sicherheit in der Rollenfindung zu ermöglichen.

Aus dieser Perspektive ist das Buch von Hans Hopf ein großer Wurf, dem ich möglichst viele Leserinnen und Leser wünsche, um in Zeiten der Verunsicherung und Irritation im Kontakt mit Jungen, ihren Bedürfnissen und Notwendigkeiten, Nachdenken und Neuorientierung anzubieten.

**Christiane Lutz**

Verena Kast
**Immer wieder mit sich selber eins werden.
Identität und Selbstwert entwickeln in einer komplexen Welt**
Patmos Verlag, 2018, 200 S., € 19,-
ISBN 978-3-8436-0973-9

Die Grundlage für dieses Buch ist eine Vorlesungsreihe, die Verena Kast auf der Tagung der Internationalen Gesellschaft für Tiefenpsychologie (IGT) im Herbst 2017 gehalten hat. Sie ist in zehn Kapiteln dem Thema Identität auf der Spur geblieben. Im ersten Kapitel wird die Frage nach mir selbst gestellt, worauf kann ich mich verlassen? Wir brauchen es alle, dass wir uns auf zuverlässige Beziehungen verlassen können.

Ein weiteres Kapitel ist: Was versteht man unter Identität? Es wird erläutert, was unter Identität schon alles verstanden wurde. Identität entsteht im Dazwischen, im Resonanzraum zwischen mir und den Anderen. Wir sind Persönlichkeiten im Werden, angewiesen auf Zugehörigkeit und soziale Beziehungen. Gleichzeitig ist es notwendig, zwischen Anpassung und dem zutiefst Eigenen zu unterscheiden, um nicht eine „Man"- Persönlichkeit zu entwickeln. „Man" kleidet sich so, „man" macht das so und nicht anders. Ihre Überlegung ist, ob die derzeitige Häufung von Depressionen mit dieser „Man"- Persönlichkeit zu tun ha-

ben, weil das je Eigene nicht gefunden werden kann. Neue Identitätserfahrungen entstehen besonders an Lebensübergängen, die Verena Kast am Beispiel eines Gedichtes von Hilde Domin deutlich werden lässt:

*Ziehende Landschaft*
*Man muss weggehen können*
*und doch sein wie ein Baum:*
*als bliebe die Wurzel im Boden,*
*als zöge die Landschaft und wir ständen fest.*
*Man muss den Atem anhalten,*
*bis der Wind nachlässt*
*und die fremde Luft um uns zu kreisen beginnt,*
*bis das Spiel von Licht und Schatten,*
*von Grün und Blau,*
*die alten Muster zeigt*
*und wir zuhause sind,*
*wo es auch sei,*
*und niedersitzen können und uns anlehnen,*
*als sei es an das Grab*
*unserer Mutter.*

Gefühle werden als Anfrage an unsere Identität verstanden und wir erleben sie täglich. Verena Kast beschreibt die biologisch angelegten Emotionssysteme nach Panksepp, Angst, Ärger, Freude, Neugier, Interesse, Panik, Trauer und das System der Fürsorge in Bezug auf die Entwicklung von Identität. Und besonders betont sie die Dankbarkeit, als einen Ausdruck von Lebenszufriedenheit.

Und zum Schluss spricht sie an, wie kostbar es ist, das eigene Leben zu erzählen, jemanden zu finden, der zuhört, sodass wir wahrnehmen können, was wir jetzt erleben, was wir erlebt haben und was wir hoffen noch zu erleben.Sie spricht im Buch immer wieder von der „Persönlichkeit im Werden und im Rückblick". Es wird klar: Sie spricht von der Identität im Wandel, von einem Prozess, der sich zwischen dem Einzelnen und seinen Mitmenschen bewegt. Und sie ermutigt, das Fremde in den Träumen aufzunehmen, auch wenn es uns befremdlich ist oder gewöhnungsbedürftig erscheint. Hier geht es um die Neugier auf uns selbst und auf das Geheimnisvolle in uns. Auch im Sinne von, wir sind uns selbst für Überraschungen gut, auch im Alter! Sie macht

Mut für die Möglichkeiten zur schöpferischen Entwicklung über alle Lebensstufen hinweg, bis zum Tod.

Es ist eine ganz große Stärke von Verena Kast, Denkanstöße zur Beschäftigung mit eigenen Lebensthemen auf eine sehr lebendige und verständliche Weise zu geben. Es ist ein ausgesprochen inspirierendes und sehr lesenswertes Buch, in dem wir uns wiederfinden können. Ich habe es gerne gelesen und empfehle es sehr gerne weiter!

**Margarete Leibig**

Melanie Lanner
**Hin zu Fuß, zurück auf Adlerschwingen.**
**„Der Herr der Ringe" als heldenhafte**
**Selbsterfahrung.**
Stuttgart: Opus Magnum, 2018, 446 Seiten
ISBN 978-3956120183

Bereit für eine Reise? Bereit für inneren Aufbruch? Mit C. G. Jung kann im vorliegenden Buch die Seelenlandschaft erfahren werden. Mit J. R. R. Tolkien begeben wir uns in eine Fantasiewelt. Tolkien (1892-1973), Professor für Englisch an der Universität Oxford und Schriftsteller, der sich seit seiner Jungend mit Sprachen beschäftigte, „entdeckte" eine neue fantastische Welt. C. G. Jung (1875-1961), Begründer der Analytischen Psychologie, trug zeitlebens mit seinen Forschungen dazu bei, die Dynamik des menschlichen Seelenlebens zu erkunden.

Melanie Lanner (geb. 1982), Soziologin, Genderforscherin und Shiatsu-Praktikerin, stellt Verbindungen zwischen der Helden/Heldinnenreise bei Tolkien und dem Individuationsweg bei Jung her. Mit ihrem Buch lädt sie ein, sich auf eine innere Reise zu begeben, sich mit dem inneren Helden/der inneren Heldin zu identifizieren, einen psychischen Wandlungsprozess zuzulassen und ihm zu folgen.

Entstanden ist das Buch, erläutert die Autorin, indem sie sich von der Symbolik des *Herrn der Ringe* inspirieren ließ, die eigenen „Verwandlungsprozesse" in einem Tagebuch notierte und sich - neben Übungen zur Selbsterfahrung - theoretisch mit der Analytischen Psychologie nach C. G. Jung beschäftigte. Sie beschreibt ihren eigenen Verwandlungsprozess durch Selbsterfahrung, den sie mit Tolkiens Werk in Zusammenhang bringt und thematisiert ihre innerpsychischen Erlebnisse auf ihrer Seelenreise.

Die Deutung als Helden/Heldinnenreise beruht auf ihrer persönlichen Inspiration und stellt für die Autorin ein archetypisches Symbol unserer Lebensreise dar, die sich stetig verändert und uns fordert. So ist, meint die Autorin, ein Buch über ihre persönliche Geschichte, ein „Selbsterfahrungsbuch", entstanden. Die Leser/Leserinnen sind eingeladen, die eigene HeldInnenreise zu wagen und in ein Abenteuer aufzubrechen.

Die Wanderungen und Kämpfe des Protagonisten *Frodo*, einem Hobbit, und seiner Gefährten haben zum Ziel, den Ring in den Feuern des Schicksalsbergs zu vernichten. Für die Autorin versinnbildlicht dieser Weg den Prozess des Durchwanderns der eigenen Psyche mit ihren Abgründen und der Selbstverwandlung. Letztere bringt sie mit Carl Gustav Jungs Konzept der Individuation in Verbindung. Individuation verstanden als individueller Prozess, der eigenständig durchschritten werden muss und eine gereifte Identität mit sich bringen kann.

Gegliedert ist das Buch in vier Phasen: Einstieg, Verwirklichung, Lösung und Realisierung. Nach einleitenden inhaltlichen Erläuterungen Lanners über den „Herrn der Ringe" und ihre persönliche Verbundenheit dient die „Einstiegsphase" theoretischen Erklärungen. Begriffe und Konzepte der Analytischen Psychologie nach Jung werden zusammengefasst und dem Leser/der Leserin vorgestellt. Orte, Seelenlandschaften und Reisestationen werden beschritten und ihre symbolische Bedeutung zum Ausdruck gebracht. So begegnet man in ihrem Buch der Wildnis als Reise ins Ungewisse, dem Berg als Ort der Transformation und dem Wald als Bereich des Unbewussten.

Im Weiteren führt die Autorin den Leser/die Leserin in die Begegnung mit dem Schatten – im Mythos durch *Sauron* verkörpert. Analog zur Erzählung Tolkiens bringt Lanner die Auseinandersetzung mit den eigenen, verdrängten Schattenanteilen zum Ausdruck. Es sei wichtig, diese wahrzunehmen, anzunehmen und Verantwortung dafür zu übernehmen. Dies führt im positiven Fall zu „Schattenakzeptanz".

In Tolkiens *Herr der Ringe* kommt die Identifizierung mit dem Schatten und dessen Verdrängung ins Unbewusste durch die Figur *Gollum* zum Ausdruck, die, aus der Gemeinschaft ausgestoßen, einsam in den tiefen Höhlen unterhalb der Nebelberge lebt. Anhand von Frodos Verwandlungsprozess wird deutlich, wie sehr es Bewusstheit braucht, um nicht durch den Ring „verschattet" zu werden. So betont die Autorin, dass das Böse uns auffordert, das Gute zu tun, was einen wesentlichen Bestandteil unserer Individuation ausmacht. Dem Schatten in Demut zu begegnen bezeichnet Lanner als Weg des Helden/der Heldin.

Freunde und Unterstützer Frodos werden mit ihrer jeweiligen Persönlichkeitsstruktur in einem eigenen Kapitel als Verbündete des Helden dargestellt. Sie werden von der Autorin mit Archetypen und inneren Ressourcen in Verbindung gebracht, wie beispielsweise dem Erlangen von mehr Tiefe und Weitblick während der Helden/Heldinnenreise, der Reifung von Körper, Geist und Herz sowie der Integration des Weiblichen und positiver Aspekte der Anima.

In der „Verwirklichungsphase" werden die Reisestationen der Helden/Heldinnen sowie deren jeweilige individuelle Lebensthemen und Entwicklungsprozesse dargestellt. Die Autorin weist auf den Widerstand hin, der kurz vor einer inneren Wandlung lähmend wirken kann und vergleicht die von C. G. Jung benannte „transzendente Funktion" mit der letzten Wehe des Geburtsprozesses, wo sich bereits Wandlung und Transformation abzeichnen.

In der „Lösungsphase" wird am Schicksalsberg der „Ring der Macht" vernichtet – die „Nachtmeerfahrt" findet ein Ende. Anhand der Thronbesteigung Aragorns und seiner Vermählung mit Arwen kommt die innerpsychische Verbindung mit unserem Selbst zum Ausdruck. Die Auseinandersetzung mit dem Unbewussten und die Integration der Schatten- und Komplexthemen haben neue Kräfte freigesetzt.

Abschließend werden in dem von der Autorin als „Realisierungsphase" bezeichneten Kapitel die Schätze von der Helden/Heldinnenreise heimgebracht und können in den Alltag aufgenommen werden. Als Heldin erweist sich, so die Autorin über den zentralen Aspekt ihres Buches, wer freiwillig etwas Größerem dient – als Held der, der sich freiwillig beugt.

Das Buch enthält praxisorientierte Anleitungen und Sensibilisierungsübungen mit dem Ziel, eigene Gedanken- und Glaubensmuster zu reflektieren und möglicherweise eine Änderung der bisherigen Betrachtungsweise des Lebens zu initiieren. Vorschläge für den Umgang mit symbolischen Handlungen und Ritualen sowie für Körperempfindungen dienen im Buch als Anregung, sich von eigenen inneren Bildern inspirieren zu lassen und den Alltag um symbolische Zugänge zu bereichern.

Die Publikation regt zur Auseinandersetzung mit eigenen psychischen Prozessen auf Basis von C. G. Jungs Analytischer Psychologie an. Folgen Leser und Leserinnen diesem Prozess der Selbsterfahrung, sollten sie allerdings beachten und berücksichtigen, dass dafür ein hohes Maß an Selbstreflexion und ein gesicherter Umgang mit eigenen destruktiven Anteilen Bedingung sein sollte. Empfehlenswert scheint bei dieser Art der Helden/Heldinnenreise, bei Bedarf professionelle Begleitung oder Unterstützung erhalten zu können.

Insgesamt ist Melanie Lanner mit der Verbindung zwischen Jung'schen Erkenntnissen und Tolkiens Literatur ein herausforderndes Buch gelungen – eine inspirierende Auseinandersetzung mit spannenden Botschaften und Analogien, angereichert mit Anleitungen zu Selbstreflexion und Selbstwahrnehmung. Das Buch empfiehlt sich für Leserinnen und Leser, die an der attraktiven Kombination von Tolkiens *Herr der Ringe* und Jungs Einsichten Interesse finden sowie sich mit Hilfe der Lektüre auf einen eigenständigen Individuationsweg begeben wollen.

**Mag. Dr. Tanja Lenz, MSc**

Monika Rafalski
**Empfinden, Intuieren, Fühlen und Denken, Die vier psychischen Grundfunktionen in Psychotherapie und Individuation**
Stuttgart: Kohlhammer, 2018, 236 S., € 32,-
ISBN-Nr. 978-3-17-028412-8

Als Architekt/in hat man es – auch in Zeiten immer größerer Spezialisierung - mit dem Bauen von der ersten Idee bis zum fertigen Gebäude zu tun. Dabei sind diametral verschiedene Arten des Wahrnehmens und Bewertens nötig:

Von der imaginären Vorstellung eines geplanten Gebäudes bis zur realen Wahrnehmung von Baumaterialien und ihren technischen Eigenschaften wie z.B. Wärmedurchlässigkeit oder statischer Belastbarkeit, von der Einfühlung in das Erleben der Menschen, für die dieses Gebäude gedacht ist, bis zur exakten Berechnung von Balkenquerschnitten und bezahlbaren Kosten.

Das auf der Basis Jungscher Vorstellungen weiterentwickelte Modell der vier psychischen Grundfunktionen – den Orientierungsfunktionen –, das M. Rafalski in ihrem Buch sehr einfühlsam und differenziert erklärt und beleuchtet, kann helfen, zu verstehen, warum einem dabei das eine leichtfällt, und das andere nicht, warum die Konzentration im einen Fall nach kurzer Zeit erschöpft ist und man sich im anderen Fall stundenlang „verzettelt", warum man bei manchen Tätigkeiten überhaupt keine Störung verträgt, andere aber am liebsten im Team zu mehreren ausführt. Und auch, warum trotz all dieser möglichen Beeinträchtigungen die Aufgabe insgesamt als sehr befriedigend erlebt werden kann.

Empfinden und Intuieren werden definiert als einander gegenüberstehende Formen der Wahrnehmung (wahrnehmende Funktionen), Denken und Fühlen als einander gegenüberstehende Formen des Wertens (wertende Funktionen), von denen man jeweils in der einen schnell und extravertiert, also nach außen hin, re-/agieren kann, während die andere die ganze innere Anteilnahme fordert und man deshalb langsam, verletzlich und introvertiert ist.

Sich damit auseinanderzusetzen kann natürlich für jeden Lebensbereich bereichernd und hilfreich sein. Geschrieben ist das Buch vorrangig für therapeutisch arbeitende Menschen, es eignet sich aber für jeden Interessierten.

In unserer schnelllebigen Zeit ist das Buch ein Plädoyer für die Beachtung der (jeweils) introvertierten Funktionen. Mit all ihrer erforderlichen Langsamkeit sind sie es, die den Weg zum Unbewussten und damit auch zu spirituellen und transzendenten Dimensionen eröffnen. Ein Ansatz, der zu einer so dringend nötigen Entschleunigung beitragen und die Auseinandersetzung mit einer zeitgemäßen Spiritualität bereichern kann.

**Christine Ernst**

Ilka Quindeau und Wolfgang Schmidbauer im Gespräch mit Uwe Britten
**Der Wunsch nach Nähe - Liebe und Begehren in der Psychotherapie**
Vandenhoeck & Ruprecht, 2017, 168 S.,
€ 17,00  ISBN-13: 978-3525451946

Mit diesem kleinen Büchlein liegt ein großer Schatz vor. Der Herausgeber Uwe Britten nutzt das Instrument des Gesprächs zwischen und mit der Psychoanalytikerin Ilka Quindeau aus Frankfurt und dem Psychoanalytiker Wolfgang Schmidbauer aus München, um über Intimität und Grenzen wie auch Grenzverletzungen in analytischen Therapieprozesses zu schreiben.

Die beiden Therapeuten und der Herausgeber trafen sich Anfang des Jahres 2016 zu diesem Fachgespräch, das nun seit 2017 im Vandenhoeck & Ruprecht Verlag in der Reihe *Psychotherapeutische Dialoge* erschienen ist. Wie der Titel bereits benennt, geht es um den Wunsch nach Nähe in Psychotherapie – so-

wohl von Patienten- und Patientinnen-Seite aus wie auch von Seiten der Psychoanalytikerin und des -analytikers.

In den fünf Kapiteln leitet Britten das Thema jeweils mit einer Frage an die beiden Praktiker ein. Die beiden Antworten, die fachlich sehr fundiert und differenziert sind und u. a. auf Beiträge von Laplance, Stoller, Kohut und Bion verweisen, verknüpfen sich zu einem gemeinsamen Konstrukt, das die Einzigartigkeit dieses Buches ausmacht. Es entsteht dabei ein offener und zum Teil persönlicher Austausch zwischen den beiden Befragten, die nicht immer einer Meinung sind, jedoch konstruktiv und aufeinander bezogen argumentieren und erzählen.

Insgesamt gelingt es den Diskutanten – und das ist die Größe dieses kleinen Werks – im Erzählen das Thema der Beziehungsgestaltung im therapeutischen Arbeitsalltag, den entstehenden Gefühlen in Übertragung und Gegenübertragung sowie den notwendigen Grenzen zur Vermeidung von Grenzüberschreitungen sensibel und doch mit klarer Positionierung zu fassen. Nachhaltig beeindruckt mich die klare Haltung beider, Ausbildungsinstitute inklusive ihrer Lehranalytikerinnen und Lehranalytiker in die Pflicht zu nehmen, den Umgang mit einer (neuen) Fehlerkultur zu lehren, in der Lernende nicht aus Scham und Angst vor Bestrafung ihre Gefühle zu Patientinnen und Patienten (Gegenübertragung) verschweigen müssen, sondern Hilfe erhalten können.

Im ersten Kapitel *Professionelle Intimität* gehen die Autoren der Frage nach, in wie weit Psychoanalytiker und Therapeuten (von ihren Patientinnen und Patienten) geliebt werden wollen und welche Gefahren sich daraus eröffnen. Die Nähe des analytischen Paares ist einerseits notwendige Bedingung für eine gelungene Analyse, aber ebenso Gefahrenquelle, das Abstinenzgebot zu brechen. Deutlich wird die Notwendigkeit, in der Ausbildung Resonanz- und Reflexionsfähigkeit wie auch Ambiguitätstoleranz zu entwickeln. Denn (angehende) Psychoanalytiker und Therapeuten, die narzisstische Gratifikationen benötigen, stehen in Gefahr, Grenzen überschreiten zu lassen oder selbst zu übergehen. Frau Quindeau (S. 33) benennt hier wunderbar:

*Man kann die Abstinenz besser einhalten, wenn man weiß, wozu, und wenn man als Therapeutin weiß, dass die unbewusste sexuelle Dimension in jeder Therapie vorhanden ist bzw. die therapeutische Beziehung geradezu konstituiert.*

In der Auseinandersetzung mit *Die emotionale Bedürftigkeit des Therapeuten* (2. Kapitel) äußert Schmidbauer (S. 58) bezeichnend zur Vermeidung von narzisstischer Piraterie:

*…es kommt oft vor, dass eine berufliche Haltung im Laufe der Zeit entgleist. Deshalb ist es wirklich meine tiefe Überzeugung, dass niemand den Beruf allein ausüben sollte. Jeder Analytiker braucht meines Erachtens eine lebenslange Intervision, eine Gruppe von nahestehenden Menschen …*

Die Autoren weisen darauf hin, dass sexuellen Grenzverletzungen von Seiten der Analytikerinnen und Analytiker meistens mehrere nicht-sexuelle Überschreitungen vorausgehen. Hier äußern sie sich auch kritisch über Umgangsweisen in Kreisen der Kolleginnen und Kollegen, sowie von Ausbildungsinstituten und deren Verantwortung durch das Schaffen eines Klimas, das eine offene Gesprächskultur von Fehlern wenig fördert.

Die Übertragungsliebe einerseits und Verführungsbereitschaft des Analytikers bzw. der Analytikerin andererseits thematisiert im dritten und vierten Kapitel das diffizile Gleichgewicht einer Behandlung. Hierzu positioniert sich Frau Quindeau (S. 123) sehr klar:

*Auch hier wäre es psychisch verheerend für die Analysandinnen, wenn die herbeigesehnte Inzestfantasie Realität würde. Vielmehr müssen die Fantasien sorgsam behandelt und bearbeitet werden, nicht überwunden, aber bearbeitet.*

Die Autoren diskutieren offen, in wie weit es sinnvoll und hilfreich ist, als Behandlerin oder Behandler die eigenen Gefühle gegenüber den Patientinnen und Patienten zu äußern sowie die Bedeutung von Intervision und Supervision.

Das letzte Kapitel handelt von den *Möglichkeiten und Unmöglichkeiten*, den Schwierigkeiten einer Analyse mit Liebesübertragung. Es werden sowohl berufsrechtliche wie gesetzliche Fakten genannt wie auch von Frau Quindeau ein klares Plädoyer formuliert, das „ödipale Gesetz" nicht zu überschreiten und die Übertragungsliebe zu enttäuschen, um negative Konsequenzen zu vermeiden und im Idealfall die Patientin oder den Patienten in weiteres Bewusstsein zu führen.

Beeindruckend an diesem (schriftlichen) Gespräch, bei dem man momentweise den Eindruck hat, selbst mit dabei zu sitzen und den beiden quasi zuzuhören, ist für mich der intime Charakter, der atmosphärisch entsteht. Dies hat sicherlich auch damit zu tun, dass vor allem Herr Schmidbauer sich nicht davor scheut, eigene schwierige Momente aus seiner langjährigen Therapieerfahrung zu benennen und sich dabei in seiner Verletzlichkeit und Ungewissheit zeigt.

Großen Respekt und vielen Dank für diesen fachlich hochwertigen Austausch! Ein kleiner Wermutstropfen: Bereits nach einmal (sehr intensivem) Lesen lösen sich leider die Seiten vom Buchrücken.

**Miriam Ehret**

Brigitte Romankiewicz
**Ohne Maria kein Christus**
**Maria als Symbol spiritueller Erfahrung**
**und Raum der Individuation**
Stuttgart: opus-magnum, 2019
180 S., € 12,99
ISBN: 978-3-95612-019-0

In den Augen zahlreicher Christen/innen und Nichtchristen/innen ist die Gestalt der Maria oft problematisch unter- oder überschätzt. Sie ist die junge, arme, einfache Frau aus dem Volk, die Frau, die auf Anweisung Gottes hin ihrer gebärenden Aufgabe als „nur" Mutter nachkommt, die ihre untergeordnete, dienende Funktion der Frau einer patriarchalen Kultur brav erfüllt. Für viele ist Maria bis heute zugleich die Himmelskönigin, die Reine, Unbefleckte, Vollkommene, der Meerstern, der gegrüßt werden möchte, die alle und alles Beschützende, in den Himmel Aufgefahrene, die Vergötterte und Vergöttlichte, die theologisch betrachtet, als Frau gar nicht göttlich sein darf. Vielmehr siedelt die Theologie sie letztendlich auf dem hierarchischen Glaubenstreppchen weit unter ihrem Sohn an.

Dabei ist Maria unverzichtbar für die spirituelle Entwicklung unseres Bewusstseins. Keine „Menschwerdung", keine Offenbarung eines Neuen ist möglich ohne die seelische Bereitschaft, sie zu empfangen, sie auszutragen, sie wachsen und reifen zu lassen. Hierfür be-

darf es, so die Autorin, einer raum-gebenden Haltung der Sinnbereitschaft, einer Offenheit, das Begegnende richtungsweisend, als „Weisung", sehen zu können, sowie der Haltung einer (aus-)tragenden Rolle, die bereit dazu ist, sich als ganzer Mensch auf einen langwierigen Prozess mit Leib und Seele einzulassen, einen Prozess, der möglicherweise lebensverändernd einwirkt und die Gefahr in sich birgt, anderen verdächtig zu werden – wie Maria.

Brigitte Romankiewicz folgt Jungs Vision vom christlichen Symbol als einem lebendigen Wesen, das der Weiterentwicklung fähig ist, aber dazu unserer aktiven Beteiligung bedarf. Für sie ist Maria die Matrix, die Mutter des je aufsteigenden Neuen, das viel weiter ist als der Himmel. Sie ist der Mutterraum, dessen tragender, bewahrender Grund die Welt im Innersten zusammenhält und den einzelnen Menschen in geistig verantwortliche Mündigkeit führt. Sie ist der Ermöglichungs- und Wachstumsraum, in dem es werden kann, ein Raum seelischer Wärme und Gehaltenseins sowie ein Raum, in dem eigenständige geistige Stärke entwickelt werden kann und darf.

Marias „Fiat", ihr „Ja" als Antwort auf die Verkündigung des Engels, ist nicht nur ein Raum hinnehmenden Staunens, sondern ebenso ein Raum für eine gegenüber jedem mainstream-Denken immunisierende geistige Widerstandsfähigkeit, ein offener Raum für die eigene Anschauung. Durch Maria tritt eine weiblich grundierte und emanzipatorisch klare geistige Widerstandsfähigkeit in die Welt, um unserer „grässlich vermännlichten Vorstellung des Göttlichen abzuhelfen", so die Autorin.

In immer wieder überraschenden Bildern und sehr persönlichen Erfahrungen lässt B. Romankiewicz uns an ihrer anregungsreichen, von Winken und Zu-Fällen geleiteten Spurensuche teilnehmen und dabei zunehmend in Maria eine weitgespannte Dimension schöpferischer Kraft und Wegleiterin für unsere persönliche und kollektive Individuation entdecken.

So finden wir in Maria nicht nur die Repräsentantin unserer Seele, sondern auch des Menschen und der Menschheit überhaupt, der

Natur, der Erde, der Anima Mundi, der Seele unserer vernachlässigten Lebensgrundlagen. Inspiriert durch eine Mariendarstellung im Allgäu entfaltet die Autorin das überraschende Bild der tanzenden Maria als Gestalt gewordenes Wahr-Zeichen von Weltseele, Menschenseele, Seele des symbolischen Lebens, Seele des „heiligen Sinns", der nicht vertrocknen darf, als Wahr-Zeichen seelischer Wandlungskraft, deren bewusster Entwicklung wir dringend bedürfen.

Für die Autorin sind Mensch, Welt und Religion nichts Fertiges. Der Tanz des Lebens kennt in ihren Augen kein „Ein-für-allemal". Was er braucht, ist eine mütterliche Kraft, die ihn nicht nur in einem seelischen, sondern ebenso in einem konkreten und zeitlichen Raum hält, ohne ihn einzuengen.

Für Brigitte Romanciewicz gehört Maria zu den ganz großen, wichtigen Symbolen. Sie umfasst den Urgrund aller unserer Gestaltungen und Imaginationen – auch der religiösen. Überall, wo und wann sich ihre symbolische Wirkung entfalten darf, werden wir – hier beruft sich die Autorin auf Raimon Panikkar – ent-bunden in die konkrete Welt hinein, nicht rück-gebunden, wie das Wort Religion es annehmen lässt, gewinnen wir an Heimatgefühl und Mitgestaltungskraft in der Welt.

Ohne Maria kein Christus. Gerade in ihrer Beziehung zueinander sind beide überzeitliche, hochkomplexe christliche Symbole und als solche „lebendige Wesen", welche die „Keime weiterer Erfahrung" in sich tragen. Durch sie erzählt sich auf beständig neue Weise der Mythos von der Möglichkeit tanzender, schöpferischer Erkenntnis des Seins, der aus dem tragenden, haltenden Grund leiblichsinnlicher Verwurzelung im Seienden als tiefem Geheimnis hervorgeht. Maria und Christus bilden ein unauftrennbares Ganzes, symbolisieren eine fundamentale Einheit, die immer wieder neu geschaut, meditiert, gedeutet und lebendig entwickelt werden möchte. Dazu bietet das Buch eine besondere und reiche Quelle der Inspiration.

**Sabine Grumann**

Fiona Ross
**Perversion: A Jungian Approach**
Verlag: Routledge, London 2013
ca. 25,00 USD
ISBN: 978-1780490304

Auf der Suche nach Literatur über Perversion aus jungianischer Sicht ist der Fundus nicht groß. Umso glücklicher war ich, als mir das Buch von Fiona Ross in die Hände fiel. Ein erstes Handicap scheint, dass das Buch auf Englisch ist und (noch) nicht in deutscher Übersetzung vorliegt.

Die Autorin Fiona Ross lebt in England, sie ist Psychologin, jungianisch ausgebildet und arbeitet ambulant mit Patienten in London; das Buch entstand aus ihrer Doktorarbeit, wurde 2013 verlegt und somit einem breiteren Publikum zugänglich.

Das Buch ist in acht Kapitel gegliedert, wobei sich Kapitel 1-4 mit der Darstellung der klassisch freudianischen Theorie zu Sexualität und Perversion beschäftigen und deren Entwicklung innerhalb der freudianischen Lehre bis heute.

Kapitel 5 führt an das Thema der Perversion im nicht-sexuellen Kontext heran.

In Kapitel 6 und 7 spannt Ross einen Bogen von der freudianischen Theorie zur jungianischen. Sie benennt darin die Unterschiedlichkeit von Freud und Jung in ihrem Wesen, wie auch in ihrer Theorie. Und sie führt den Leser hin zum Bruch zwischen beiden, der vorwiegend mit den Differenzen in der Betonung der Sexualität als Hauptpunkt der freudianischen Theorie zu tun hatte. Anhand von drei Fallbeispielen stellt sie verschiedene Formen der Perversion dar, die sie beim Aufbau ihrer neunstufigen Theorie zur Entstehung von Perversionen, die nicht auf sexuelles Verhalten beschränkt sind, heranzieht. Kapitel 8 widmet sie einem Ausblick in die Zukunft.

Zu Beginn ihres Buches beschreibt Ross bedeutende Unterschiede zwischen Freud und Jung in ihrem Verständnis der Wichtigkeit des Ödipuskomplexes und des Penisneids sowie ihre Auswirkung auf die (männliche) Sexualität, die Freud 1905 mit der Veröffentlichung von *Drei Abhandlungen zur Sexualtheorie* formuliert. Neben der Differenzierung der Ansätze von Freud und Jung gelingt ihr auch ein ausführlicher Überblick zu den post-freudianischen psychoanalytischen Theorien über Sexualität z. B. bei Kernberg. Sie zeigt in Kapitel 5 auf, wie bereits andere Autoren das Phänomen Perversion auf nicht sexuelle Erfahrungen ausweiten.

In Kapitel 6 benennt sie vier wichtige konzeptuelle Unterschiede zwischen Jung und Freud bezüglich a. psychischer Energie und Libido, b. Archetyp und Instinkt, c. kollektivem und persönlichem Unbewusstem und zuletzt d. zwischen Teleologie und Kausalität.

Ross formuliert in Kapitel 7, dem Kernstück ihres Buches, ein Konzept aus neun verschiedenen Stufen, die die Bildung einer Perversion fördern und erklärbar machen.

Traumatische Erfahrungen innerhalb von Beziehungen werden von ihr als grundlegend für die Entwicklung einer Perversion verstanden. Das Erleben von Ungleichheit innerhalb von Beziehungen wie auch fehlende Empathie kann zur Ausnutzung der anderen Person und somit zu traumatischen Erfahrungen führen. Es muss sich dabei nicht um ein einmaliges Ereignis handeln, sondern auch kumulative Traumatisierungen wie Vernachlässigung können als unerträgliche zwischenmenschliche Erfahrung erlebt werden, die nicht integriert werden können. Sie definiert Perversion als ein Ergebnis von frühen Beziehungstraumatas, die ihren Ursprung nicht notwendigerweise in infantiler sexueller Erfahrung hat. Diese frühen Beziehungstraumatas setzen sich im Körpergedächtnis fest.

Damit es von der traumatischen Erfahrung zur Perversion kommt, müssen nach ihrer Theorie „sticker" entstehen, eine Art Aufkleber, der den traumatischen Inhalt im Innerpsychischen und Unbewussten festhält. Es handelt sich um zwei inadäquate Schritte: Zunächst ist die zentrale Organisation der Psyche nicht in der Lage, ein Ereignis zu integrieren, und spaltet dieses Ereignis ab. Im zweiten Schritt kann zudem die Psyche diesen abgespalteten Inhalt, den „sticker", nicht reintegrieren.

Ein Sticker kann die Psyche dazu verführen, in ihn als psychisches Zentrum zu investieren, indem er falsche Hoffnung macht bezüglich des Ausbleibens von Angst und Konflikten. Damit wird die eigentliche untergeordnete Rolle eines Stickers verleugnet; der Konflikt zwischen Sticker und dem Hauptsystem der Psyche wird nicht erkannt, sodass die Person am Sticker haften bleibt. Im Rahmen dieser Entwicklung wird der Sticker zu einem „subcentre", Unterzentrum, in dem die Reintegration scheitert und die Projektion dissoziiert bleibt. Der dissoziierte Sticker, der eine negative Beziehungserfahrung repräsentiert, täuscht Kongruenz mit dem Selbst vor.

Ein Sticker ermöglicht der Psyche eine unbewusste Entscheidung darüber zu treffen, ob und wann und wie sie die Beziehungserfahrung, die als Sticker repräsentiert wird, betitelt. Ross folgend hängt vieles davon ab, inwiefern die Psyche in der Lage dazu ist, die transzendente Funktion zu nutzen, um Reales von Imaginiertem, Bewusstes von Unbewusstem, Rationales von Irrationalem zu unterscheiden. Dies steht mit der Symbolisierungsfähigkeit der Person in Zusammenhang.

Ross versteht die Integration des Inhalts eines Stickers eher als einen emotionalen Prozess denn als als einen kognitiven. Die Psyche muss das dissoziierte Material in das persönliche Narrativ integrieren und dabei bewusste und unbewusste imaginative Prozesse nutzen, die auch Archetypisches mit einschließen. Um dazu in der Lage zu sein, muss die Person symbolisieren können, um mit archetypischen Inhalten umgehen zu können. Wenn die Ich-Funktionen schwach ausgebildet sind, kann es dazu kommen, dass der Inhalt des Stickers nur schwer integriert werden kann, weil Ängste und Leiden dazu führen, dass sich die Fähigkeit, mit psychischen Konflikten umzugehen, schmälert.

Der Sticker per se ist nicht pathologisch zu verstehen, sondern pathologisch ist, wenn der Inhalt des Stickers nicht in die Psyche integriert werden kann und somit abgespaltet bleibt und zur Entwicklung einer Perversion führen kann. Kann der Erlebnisinhalt, der im Sticker repräsentiert ist, nicht in die Psyche aufgenommen werden, ins Bewusstsein kommen, so erfolgt die Bildung eines „ectype".

Ross führt den Begriff „ectype" ein, als einen weiteren Entwicklungsschritt bei der Entstehung von Perversionen, der sich aus dem Begriff ectypography ableitet, übersetzt Reliefätzung bedeutet und eine Art Graviertechnik meint. Das Wort entsteht aus den Bestandteilen 'ek' (griechisch = aus, von) und 'typos' (griechisch = Abdruck, Stempel). Ich verstehe dies als eine Art Druckplatte, in der etwas – also das Substrat von Beziehungserfahrungen – innerpsychisch eingraviert wird. Durch den Ectype entsteht eine unbewusste Überzeugung, die alle Beziehungen in Schablonen setzt und das gesamte psychische Netzwerk verzerrt. Zum Schutz werden rachsüchtige Ideen und Handlungen vollzogen, da sich die Psyche bestohlen fühlt von der Möglichkeit einer Ganzheit und Individuation. Als Rache nimmt sie dem Gegenüber das Recht auf Individuation. Das passt zu der Annahme, dass sexuelle Perversion eine hassvolle Ausdrucksform ist für erlebte demütigende Erfahrungen in der Kindheit, die sich später im Erwachsenenalter gegen andere richtet, um Gefühle von Triumph erleben zu können.

Da das Ectype durchzogen ist mit perversen Ideen je nach Art des erlebten frühen Traumas, wird es für jedes Individuum mit der Art des sexuellen oder nicht-sexuellen perversen Verhaltens verbunden. Diese Zustände führen nun

nach Ross zu einer Form der Beziehung zu anderen Menschen, die sie technisch nennt. Es zeigt sich eine Art unbewusster Umkehr, in der die ursprünglich traumatisierte Person, ihre Erfahrung von Demütigungen und nicht-menschlicher Behandlung, die Rolle verkehrt und nun andere in diese Position bringt, also „nicht-menschlich", technisch behandelt. Hier erfolgt eine Form von Wiederholungszwang. In diesem wird die Erfahrung „Eine Person schädigt mich" umgekehrt in „Ich schade einer Person", z. B. bei sadistischem Verhalten. Dabei ist der Wiederholungszwang zu verstehen als ein Schutz des Selbst, auch wenn das Opfer zum Täter wird.

Freud benutzt den Begriff Perversion, um die Bedeutung der kindlichen Sexualität zu betonen. Die beiden Paradigmen der polymorphen Perversion und des Ödipuskomplexes bringen Perversion und Sexualität in Verbindung und begrenzen perverse Handlung auf perverse Sexualität. Dabei ist Perversion entweder ein Misslingen einer Entwicklung über das Stadium der polymorphen Sexualität hinaus oder ein Misslingen von Lösungen bei ödipalen Konflikten. Somit entstand ein Synonym in der klassischen Psychoanalyse von Perversion und sexueller Perversion. Bis heute besteht in der Psychoanalyse die Neigung, auch Perversionen außerhalb der Sexualität auf die sexuelle Entwicklung zurückzuführen.

Einige Kritikpunkte bestehen für mich bezüglich Ross' Buch und ausführlicher Hinführung zu ihrer Theorie. Zunächst ist für mich überraschend, dass Ross das archetypische Begriffspaar von Animus und Anima für ihre Ausführungen nicht hinzuzieht in der Abgrenzung zwischen Freuds Theorie, die die Frau und das weibliche Geschlecht reduziert als Mann mit dem Mangel eines Penis. Im Verständnis des Paares Animus und Anima ist es meines Erachtens möglich, die Frau nicht nur als „beschnittenen Mann" oder Mann ohne Penis zu begreifen, sondern als vollwertige und unabhängige eigene Schöpfung mit ihren Qualitäten und ihrem Anderssein. Zudem fehlt mir in ihren Stufen, die sie ausführlich und differenziert beschreibt, zur Entwicklung von Perversion die Verbindung zu Komplexen. Ich frage mich, ob ein Ectype nicht eigentlich eine andere Benennung eines Komplexes ist, die Verinnerlichung einer emotionalen (traumatischen) Beziehungserfahrung. Sie nennt zwar eine Verbindung zu Komplexen, die die Abspaltung einer Erfahrung in ein Ectype fördert, aber mir scheint die Differenzierung zwischen Komplex und Ectype nicht ganz scharf.

In der Konstruktion eines jungianischen Ansatzes für Perversion erweitert sie die Begrifflichkeit Perversion aus der freudianischen Definition und Enge in eine sehr weite Definition der Perversion als Folge einer nicht integrierten traumatischen Beziehungserfahrung im Kindesalter. Der Begriff wirkt manchmal sehr weit gespannt, eine Notwendigkeit, um ihrer Logik folgend, Perversion hinaus aus dem sexuellen Kontext zu führen in einen nicht-sexuellen Beziehungsraum mit anhaltenden schwerwiegenden Folgen. Wohl darin liegt Ross' Verdienst, dass sie Perversion – wie schon bei Jung im Zusammenhang seiner Auseinandersetzung mit Freud – die Sexualität und vor allem den Penisneid nicht als Kern und Basis seiner Theorie akzeptiert, sondern eine frühe zwischenmenschliche traumatische Beziehungserfahrung für die Entwicklung von abweichenden Entwicklungen verantwortlich macht.

Damit erweitert sie Perversion konsequent hinaus aus dem sexuellen Kontext und öffnet ein nicht-sexuelles Verständnis, das sich im Erfahrungs- und Beziehungsraum von Menschen zeigt. Ross' Ansatz erweitert das Konzept der Perversion, in dem sie die Wurzeln für Perversion erweitert auf kindliche Beziehungserfahrungen allgemeiner – auch nicht-sexueller Art. Dieser Ansatz macht eine breitere kindliche Vulnerabilität deutlich in Bezug auf das Ausbilden einer Perversion und erweitert Perversion zu einer generelleren Entwicklungsstörung.

Und deswegen: Ein gutes Buch! Es sind bereichernde Gedanken, die sie ausführlich anhand der sich durchziehenden Beispiele darlegt und mit denen sie uns Lesern ermöglicht, die komplexe Thematik zu durchdringen. Nur Mut, es ist auch eine gute Übung, sein Eng-

lisch aufzufrischen. Gut, da es eine (erste?) Grundlage bietet, moderne Ansätze von Sexualität und Perversion aus der Theorie von Carl Gustav Jung verstehen und erklären zu wollen. Zum Schluss sei noch Ross zitiert:

*My theoretical formulation, … includes Jungian concepts and gives perversion a clear position within the theory of analytical psychology, where the concept has been neglected.*

Lesenswert!

**Miriam Ehret**

## Impressum

Jung-Journal
Forum für Analytische Psychologie
und Lebenskultur
Jahrgang 22, Heft 41, April 2019
ISSN: 1867-4690
ISBN: 978-3-939322-41-2

**Herausgeber**
C. G. Jung-Gesellschaft Stuttgart
Alexanderstr. 92,
70182 Stuttgart

**Bankverbindung**
opus magnum, Postbank
IBAN:
DE60 6001 0070 0570 3447 02
BIC: PBNKDEFF

**Erscheinungsweise, Abo, Vertrieb**
Halbjährliches Erscheinen im
April und Oktober

Ein Jahresabonnement
mit 2 Heften kostet € 15,-
incl. Versandkosten.

Bestellungen über:
Internet: www.jung-journal.de
E-Mail: mail@jung-journal.de

Postadresse:
opus magnum
Hirsauer Str. 39
70569 Stuttgart

**Redaktion**
Prof. Dr. Lutz Müller,
Anette Müller,
Margarete Leibig, Bernd Leibig,
Dieter Volk

**Beiratsmitglieder der
C. G. Jung-Gesellschaften**

Dr. Christoph Ammermann
(CGJ-Gesellschaft Bodensee)
Dr. Irene Berkenbusch
(ISAP Zürich)
Dolores Henke
(CGJ-Forum Freiburg)
Esther Böhlcke
(CGJ-Gesellschaft Hannover)
Dr. Renate Daniel
(CGJ-Institut Küsnacht)
Christiane Neuen
(CGJ-Gesellschaft Köln)
Eva Fischer-Zehnder
(Psychologische Gesellschaft
Basel)
Volker Münch
(CGJ-Gesellschaft München)
Dieter Schnocks
(CGJ-Gesellschaft Stuttgart)
Dr. Andreas Schweizer
(Psychologischer Club Zürich)

**Layout**
Lutz Müller, Barbara Fischer

**Texte zwischen den Artikeln**
Lutz Müller, Anette Müller

**Bildnachweise**: Wenn nicht anders angegeben stammen alle Abbildungen aus lizenzfreien Quellen des Internet.
Titelblatt: Karine Rioux-Nadon

**Webmaster**
Walter Fleritsch

**Druck**
Kohlhammer Stuttgart

**Verlag**
opus-magnum, Stuttgart, www.opus-magnum.de

Die Inhalte der Artikel geben nicht unbedingt die Meinung der Redaktion wieder. Für unverlangt eingesandte Manuskripte übernehmen wir keine Haftung.

**Gisela Broche**
27.11.1929 – 15.09.2018

Als 1970 das C. G. Jung-Institut in Stuttgart entstand, wirkte Gisela Broche mit am Konzept für die Ausbildung der Kinder- und Jugendlichentherapeuten, arbeitete im Unterrichtsausschuss und hielt unzählige Seminare, Vorlesungen und Supervisionen ab.

Helmut Barz bewog sie 1977, nach Zürich zu ziehen und am C. G. Jung-Institut in Küsnacht das Ausbildungsprogramm für Kinder- und Jugendlichenpsychotherapie, gemeinsam mit Kaspar Kiepenheuer, Mario Jacoby und Hazel Friedli zu entwickeln. Von 1990 bis 2002 hatte sie dann eine private Praxis in Zürich.

Im Zentrum ihrer Arbeit stand die Wirkung der Bilder und Symbole, die sie im kindlichen Spiel oder der kindlichen Imagination fand und aus denen sie die heilsame Synthese zwischen Bewusstem und Unbewusstem ableitete.

Ihr ganze Persönlichkeit war geprägt von einer stets wachen Neugier und vom Staunen über die vielfältigen Wege des Lebens. Mit ihrer stillen seelischen Kraft, ihrer emotionalen Wärme und legendären Intuition war sie eine sehr beeindruckende Persönlichkeit, mit der wir auch viel gelacht haben.

Wir sind ihr aus tiefem Herzen dankbar für ihr Wirken.

**Monika Friedemann**

**Prof. Dr. med. Dr. phil.
Hinderk Emrich**
02.07.1943 – 16.09.2018

Hinderk Emrich war Arzt und Professor für Neurologie und Psychiatrie/Klinische Pharmakologie und von 1996-2010 im Vorstand der Internationalen Gesellschaft für Tiefenpsychologie (igt Lindau). Als Psychotherapeut, Philosoph und Mediziner konnte er exzellent Brücken schlagen zwischen den Naturwissenschaften und den Geisteswissenschaften.

Auf meine Anfrage, wie es ihm geht, schrieb er im Mai d. J. „Leider bin ich im tiefsten Tal (Rezidiv)". Und dann später:

*Im Moment der Nähe zum Loslassen von der empirischen Welt stellt sich die Frage: Was gibt es denn? Was gibt es denn EIGENTLICH? Begriffe helfen hier nicht weiter. Ich denke, es gibt so etwas wie ein „Gefühl des DASEINS"; es ist ein Spüren: Mich gibt es wirklich: meine Seele existiert, mein Geist existiert, ich bin keine Maschine, kein Roboter, kein Avatar.*

*Und: ES GIBT FREUDE, ES GIBT SCHÖNHEIT! Das ist kein Wissen, aber eine Ahnung, die wohl nicht trügt. Viel mehr wissen wir nicht über uns und über die Welt und über die himmlischen Mächte.*

Wir sind, wie so viele, dankbar, dass wir ihn kennenlernen durften.

**Margarete Leibig**

## Dr. med. Dipl.-Psych.
## Günter Langwieler
10.02.1951 – 15.03.2019

Günter Langwieler war als Dozent am Berliner C. G. Jung-Institut ein begeisterter und begeisternder klinischer Lehrer. .Auch in der internationalen Community der „Jungians" genoss er aufgrund seiner zahlreichen Vorträge und seiner persönlichen Ausstrahlung hohes Ansehen.

Tatkräftig hat er die Jung-Gesellschaft in Berlin gegründet und durch seine Ideen und seinen Fleiß enorm bereichert.

Er war eine charismatische, reich begabte Persönlichkeit, auch ein Feuerkopf mit starken philosophischen Interessen, ein wacher Geist. Er war aber keineswegs nur Geist, sondern auch vitaler Genussmensch. Er hatte ein leidenschaftliches Temperament, er war diskussionsfreudig und ging Konflikten nicht aus dem Wege. Dabei war er stets sehr zugewandt und kompromissfähig.

Mit seiner Frau Edith Rosin, die auch jungianische Analytikerin ist, führte er eine liebevolle Ehe.

Wir verlieren in ihm einen warmherzigen Menschen, humorvoll und außerordentlich gastfreundlich. Sein plötzlicher Tod hat eine erschreckende Lücke gerissen. Wir können den Verlust noch gar nicht richtig ermessen und sind sehr traurig.

**Michael Lindner**

*Siddhartha lauschte.*
*Er war nun ganz Lauscher, ganz ins Zuhören vertieft,*
*ganz leer, ganz einsaugend, er fühlte,*
*dass er nun das Lauschen zu Ende gelernt habe.*

*Oft schon hatte er all dies gehört, diese vielen Stimmen im Fluss,*
*heute klang es neu. Schon konnte er die vielen Stimmen nicht mehr*
*unterscheiden, nicht frohe von weinenden, nicht kindliche von*
*männlichen, sie gehörten alle zusammen,*
*Klage der Sehnsucht und Lachen des Wissenden,*
*Schrei des Zorns und Stöhnen der Sterbenden,*
*alles war eins, alles war ineinander verwoben und verknüpft,*
*tausendfach verschlungen.*

*Und alles zusammen, alle Stimmen, alle Ziele, alles Sehnen, alle Leiden,*
*alle Lust, alles Gute und Böse, alles zusammen war die Welt.*
*Alles zusammen war der Fluss des Geschehens, war die Musik des Lebens.*

*Und wenn Siddhartha aufmerksam diesem Fluss,*
*diesem tausendstimmigen Liede lauschte, wenn er nicht auf das Leid noch*
*auf das Lachen hörte, wenn er seine Seele nicht an irgendeine Stimme*
*band und mit seinem Ich in sie einging, sondern alle hörte, das Ganze,*
*die Einheit vernahm, dann bestand das große Lied*
*der tausend Stimmen aus einem einzigen Worte,*
*das hieß Om: die Vollendung.*

Hermann Hesse, Siddhartha